SGRIBLWR: BYW I SGWENNU

SGRIBLWR:
BYW I SGWENNU

Cofio Glyn Evans, *Y Cymro*

Golygyddion
Marred Glynn Jones a *Lowri Rees-Roberts*

bwthyn
GWASG Y BWTHYN

ISBN 978-1-907424-73-1

Cyhoeddwyd gyda chymorth ariannol Cyngor Llyfrau Cymru.

Cyhoeddwyd ac argraffwyd gan Wasg y Bwthyn, Caernarfon LL55 1ER
gwasgybwthyn@btconnect.com

'Nid yw'r hyn a sgrifennir heb ymdrech
yn bleser i'w ddarllen.'

— *Glyn Evans*

Diolch

Diolch i deulu Glyn am eu cymorth parod a'u cefnogaeth.

Diolch i bawb sydd wedi cyfrannu at y gyfrol hon.

Diolch i Elin Angharad ac Elin Meredith o wasanaeth ar-lein BBC Cymru am gasglu ynghyd enghreifftiau o waith Glyn ar gyfer y gwasanaeth hwnnw.

Diolch i BBC Cymru am roi caniatâd i ni gyhoeddi darnau o waith Glyn ar gyfer eu gwasanaeth ar-lein.

Diolch i'r Lolfa am ganiatáu i ni gyhoeddi rhan o'r gyfrol *Jyst Jason*.

Diolch i Gyhoeddiadau Barddas am ganiatáu i ni gyhoeddi rhai cerddi o'r gyfrol *Y Print Mân*.

Diolch i Dylan Halliday, Golygydd *Y Cymro*, am ganiatáu i ni gyhoeddi colofnau a straeon o'r papur newydd hwnnw.

Cynnwys

Adolygiadau Cymru'r Byd

Talent arbennig

Roedd Glyn Evans yn dalent arbennig. Mae ei golli yn ergyd enfawr i'r byd newyddiadurol yng Nghymru – byd a wasanaethodd drwy gydol ei yrfa. Newyddiadurwr, blogiwr, adolygwr, llenor, bardd. Roedd Glyn yn gallu gwneud y cyfan, gan ddangos dwyster ar brydiau ynghyd â'r fflachiadau gogleisiol o hiwmor a ffraethineb oedd mor nodweddiadol ohono.

Mae'r ddwy ohonom yn ei hystyried hi'n fraint cael gweithio ar y cofiant hwn. Diolch am gael adnabod Glyn, a diolch iddo am ei gyfraniad amhrisiadwy i newyddiaduraeth a diwylliant Cymru.

Marred Glynn Jones
Lowri Rees-Roberts
Golygyddion

Marw Glyn . . . a'r Colyn Pigog

Karen Owen

Teyrnged a ymddangosodd yn *Y Cymro*

Nos Wener diwethaf (Ebrill 25, 2014) bu farw un o gyn-olygyddion y papur hwn. Roedd J. Glyn Evans yn 70 oed, yn nofelydd ac yn fardd.

Ef hefyd, gallwn ddatgelu bellach, oedd Colyn Pigog – colofnydd dychanol ond hoffus *Y Cymro* a fu am flynyddoedd yn gwneud hwyl am ben pwysigion, cyfryngwn a gwleidyddion y Gymru ôl-ddatganoledig.

Yn dawel, dawel, llithrodd o afael ei blant – Catrin, Bethan a Dyfan – yn Ysbyty Glan Clwyd, Bodelwyddan ar ôl salwch byr.

Ac os mai'n dawel y gadawodd y fuchedd hon, felly hefyd y treuliodd ei yrfa ddiwyd, yn newyddiadurwr ar *Y Cymro* cyn dod yn Olygydd arno; ac yna'n ddiweddarach yn ohebydd oriau hirion ac yn adolygydd hael ar wasanaeth ar-lein BBC Cymru.

Hyd yn oed ar ôl colli ei waith gyda'r Gorfforaeth yn 2011, a honno ar y pryd yn torri'n ôl ar ei gweithgaredd ar y we, daliodd Glyn ati i ysgrifennu erthyglau ar gyfer pob math o gyfnodolion, ynghyd â golygu cylchgrawn mudiad Cymru a'r Byd, *Yr Enfys*.

Ac yntau wedi pasio oed ymddeol, daliodd i grwydro Maes yr Eisteddfod Genedlaethol (ond nid yr Urdd, doedd ganddo ddim llawer i'w ddweud wrth y mudiad ieuenctid) gyda'i gamera o gwmpas ei wddw; a daliai i glocio i mewn yn Swyddfa'r Wasg y Brifwyl bob bore a chofnodi pob enillydd a gweithgaredd.

Nid oedd na ffws na thwrw mawr o gylch yr hogyn o Landegfan, Môn a dreuliodd y rhan helaethaf o'i oes yn byw ym Mhrestatyn, Sir Ddinbych. Ni chwenychodd na sylw na chlod personol. A deallodd nad y newyddiadurwr ydi'r stori, byth.

Yn hytrach, fe wenodd ei ffordd trwy fywyd a fu, ar adegau, yn greulon wrtho. Yr oedd yn ŵr gweddw a gyfaddefai'n aml mewn sgyrsiau personol, fel y gwnaeth mewn cerdd dan y teitl 'Deuoedd': 'Mewn byd o barau / mae'n anodd i'r unig bara.'

Neu, fel y mae'n cyfeirio at y 'lleidr' yn dod i gartref yn y gerdd 'Cyfoeth': 'Nes i rywun / dorri i mewn / a mynd â'r cyfan, / wyddwn i ddim / fod yna unrhyw beth gwerth ei ddwyn / yn tŷ ni.'

Eto i gyd, yn ei wytnwch a'i ddyfalbarhad tawel, fe wyddai Glyn y byddai'r cylch hwnnw hefyd yn cael ei gyfannu ymhen y rhawg. Dyna pam, wedi'i gynhebrwng yn Amlosgfa Bae Colwyn fore Mercher nesaf (Mai 7) y bydd ei lwch yn cael ei wasgaru yn yr Alban – o'r lle deuai ei ddiweddar wraig, Sandra, a frwydrodd mor ddewr yn erbyn canser.

O ddydd i ddydd, yr oedd materion cyfoes Cymru, dyfodol a safon yr iaith Gymraeg a llenyddiaeth yn agos iawn i galon Glyn. Doedd ganddo fawr i'w ddweud wrth rygbi nac artistiaid hunan-bwysig, cofiwch. Gyda'r 'werin' – ac yr oedd yn credu yn ei bodolaeth ar lawr gwlad o hyd – yr oedd ei gydymdeimlad.

'Toiled, tŷ bach, geudy, lafatri a chachdy . . . lle chwech, prifi, peti a shitws . . . a'r unig stafell yn y tŷ y gallwch chi gloi eich hun ynddi,' meddai mewn cerdd arall, gan awgrymu, er ein soffistigeiddrwydd, fod dynoliaeth – a Chymry'r menig gwynion

16

gan hynny – bob amser yn sefyll ar ddibyn amharchusrwydd, ac mai di-fudd oedd ceisio gwadu hynny.

Fe wobrwywyd cyfrol o'i gerddi yn Eisteddfod Genedlaethol Llanelli 2000, ac fe'i cyhoeddwyd dan y teitl *Y Print Mân* gan Gyhoeddiadau Barddas yn 2002.

Yn ei feirniadaeth ar y gystadleuaeth honno, dywed Alan Llwyd am hiwmor direidus Glyn Evans: 'Ni wn sut i'ch cyflwyno iddo yn iawn. Byddai ei alw yn Homer yr hiwmor yn weddol agos ati, ond mae'n nes at Homer Simpson nag at yr henfardd clasurol.'

Ond dan yr hiwmor, yr oedd yna ddyn oedd wedi'i deall hi ac a oedd yn gweld heibio i'r arwynebol. Roedd ganddo ei gas eiriau o blith jargon y Gymru gyfoes, ac fe fyddai bob amser yn gofyn pam mae gwleidyddion yn defnyddio term mor ffansi â 'difreintiedig' pan maen nhw, mewn gwirionedd, yn golygu'r gwirionedd plaen, 'tlawd'.

Y math yna o bethau a groesai feddwl y dyn na chlywais ef erioed yn rhegi na gwylltio'n wirion; y dyn a rannai'r ddesg hir yn ystafell newyddion y BBC ym Mangor gyda Gwilym Owen; a'r dyn a fyddai bob amser yn rhedeg ei law i lawr ei farf fel pe bai'n gôn hufen iâ, wrth ystyried a thrafod. Y dyn â'r beiros sbâr ym mhoced ei grys llewys byr. Dyn y geiriau a'r sgwrs, sydd bellach yn dawel.

Ef ei hun sy'n cael y gair olaf, a hynny ar ffurf ei ymson drawiadol ynghylch amser, yn y gerdd o'r enw 'Amser':

'Lastig ydi amser. / Yn strejio'n hir / wrth ichi ddisgwyl trên / a thin-droi mewn maes awyr. / A sbringio'n sydyn / pan yw'r plant / adref ar wyliau.

'Ac ar ddiwedd ei ddefnyddioldeb / mae o cyn freued â llinyn / ac wedi crebachu i gyd. / Pethau lastig ydi pobol.'

Clymau

Y mae yna glymau
yn llinyn amser
sy'n ein rhwymo'n
sownd
wrth ein gorffennol.

Yn ein rhwymo
wrth ddigwyddiadau
fel pen-blwyddi
a phriodi
a gemau mawr.
Cusan gyntaf,
ffrae olaf
ac angladd ffrind
rhy ifanc i farw.

Y clymau hyn
sy'n cadw'r llinyn brau
rhag cordeddu.

Y clymau hyn
sy'n ein cadw
yn sownd wrth yr hyn ydym ni.

— *Glyn Evans, o'r gyfrol* Y Print Mân,
Cyhoeddiadau Barddas

Glyn Pen-bonc

Cen Williams *(Cen Bryn Peilat)*

Teimlad rhyfadd ydi mynd yn hŷn a sylweddoli bod y rhan fwyaf
o'r rhai yr oeddwn i'n eu nabod yn un o'r ddwy fynwant yn y
plwy, mewn mynwentydd eraill neu'n llwch yma ac acw. A rŵan
dyma Glyn wedi'n gadal ni. Y Glyn hwnnw a fyddai'n chwara
pêl-droed ar iard yr ysgol mewn sgidia hoelion mawr nes byddan
ni'r hogia llai yn sgrialu o'i ffordd o. Gwallt gola syth yn neidio
ar dop ei ben o a phenderfyniad yn gadarn ar ei wynab o. Y Glyn
hwnnw a yfodd inc y dosbarth i gyd ryw amsar chwara p'nawn
am nad oedd o isio gwers *Penmanship* cyn mynd adra. Roedd inc
yn ei waed go iawn ac mi fydda i'n gwenu'n dawel wrth feddwl
ei fod o wedi gwneud bywoliaeth o sgrifennu ac ynta'n casáu'r
gwersi llawysgrifen cymaint. Y diwrnod hwnnw roedd inc hyd ei
wefla a'i ên hefyd!

Dwi'n edrach ar ei lyfr barddoniaeth o, *Y Print Mân*, rŵan ac
yn meddwl bod y ddawn ynddo'n ifanc iawn. Pan bechodd Kitty,
Pen-bryn, o ryw dro, mi sgrifennodd bennill ar ei charrag drws
hi ar ei ffordd adra i lawr Lôn Fain. 'Citi Pen-bryn / Sy cymaint
â hyn / 'Sa'i dipyn bach mwy / 'Sa'i gymaint â llwy.'

A phetaech chi'n mynd i lawr Lôn Pen Groes ar bnawn Sadwrn
pan oedd o tua deg i ddeuddeg oed mi glywech frigau'n torri,
cowbois yn saethu ac Indians yn cwffio'n ôl. Y lleisia a'r cythrwfl

19

i gyd yn cael eu creu gin Glyn. Oedd, roedd ganddo fo ddychymyg a dawn. Cafodd hynny ei gydnabod gan Ysgol David Hughes pan gafodd ei wneud yn un o'r Prif Swyddogion a chael eistedd yn agos iawn at y Dywysoges Margaret yn ystod te'r agoriad swyddogol. Os gwn i be ddeudodd o wrthi, wnes i rioed ofyn.

Fel newyddiadurwr y gwnaeth ei farc fel y mae llawer wedi nodi a byddwn yn cael sgwrs ag o bob blwyddyn yn y Steddfod Genedlaethol. Rhyw sgwrs 'W't ti'n cofio hwn-a-hwn neu'r peth-a'r-peth yn digwydd?' fydda hi, hel atgofion a chwerthin. Hogyn naturiol, direidus o gefndir cyffredin iawn yn codi i fod yn un o brif newyddiadurwyr Cymru.

Mi fydda i'n ei gofio efo edmygedd a gwên a chwithdod, fel llawar ohonoch chitha bobol Llandegfan, a phobol Cymru a gafodd y fraint o'i nabod.

Pwy yw'r sgriblwr hwn?

William H. Owen

Y neges ddiwethaf ges i gan Glyn oedd ar 15 Ebrill 2014 yn ymateb i'r hyn yr oeddwn i wedi ei anfon iddo ar e-bost am raglen radio Dylan Iorwerth oedd yn cofio canmlwyddiant geni John Roberts Williams. Roeddwn wedi cynnig ei enw i'r ymchwilydd a'm ffoniodd i ofyn a fyddwn yn fodlon cymryd rhan yn y rhaglen, gan wybod fod ei brofiad o olygu *Y Cymro* yn llawer ehangach na fy nhymor byrhoedlog i. Doedd neb wedi ei ffonio ac roedd yn ddiolchgar iawn am hynny. 'Go-lew ydi'r iechyd yma, rhyw un dydd ar y tro o beth' oedd ei sylw. Gwyddwn ei fod wedi sôn wrtha i o'r blaen ei fod yn fyr o wynt ond wnaeth y frawddeg ar yr e-bost ddim fy sobreiddio nes i Edward Morus Jones fy ffonio gyda'r newydd ysgytwol am ei farwolaeth.

Yn haf 1968 y deuthum i gysylltiad â Glyn am y tro cyntaf pan ymunais ag o a Gwyn Griffiths mewn swyddfa glawstroffobaidd o fychan ym mhencadlys cwmni Woodalls yng Nghroesoswallt. Roedd partisiwn a drws llithro ynddo rhyngddon ni a swyddfa'r Golygydd, Llion Griffiths. Prin y byddai'r drws ar gau ac oherwydd fod y lle mor fychan roedd yn gymdeithas glòs. Glyn aeth ati i fy rhoi ar ben y ffordd ynglŷn â rhoi cyfarwyddyd i'r cysodwyr a chynllunio tudalennau, ychydig cyn iddo gael gwyliau i briodi Sandy ym Mhenbedw a dechrau ei fywyd priodasol yng Nghroesoswallt. Byth ers hynny roeddwn wedi cadw rhyw fath o gysylltiad ag o ond mwy felly yn y blynyddoedd diwethaf. Gan na chafodd fynd yn ôl at *Y Cymro* wedi gofyn am ei ryddhau am chwe mis i fynd i Batagonia cafodd ei fachu gan BBC Cymru wrth iddynt ddechrau datblygu safle BBC Cymru'r Byd ar y we. Yn ei dro daeth i Fangor lle cefais innau loches wedi diflaniad *Hel Straeon* S4C ac unwaith eto roeddwn yn ei weld yn ddyddiol bron a chael sgyrsiau dwfn wrth ei ddesg yn yr ystafell newyddion, amser cinio i mi ond roedd hi bron yn amser mynd adref i Glyn. Gan iddo ddechrau codi'n gynnar pan oedd yn Olygydd *Y Cymro* yn yr Wyddgrug roedd wedi cadw at yr arferiad ac roedd yn teithio o Brestatyn i fod ym Mangor erbyn chwech bob bore, neu cyn hynny o bosib. Haerai ei fod yn gweithio'n well yn y bore heb ormod o drwst a ffwdan o'i gwmpas, er y byddai'n ddigon parod i gael gair â rhai o gyfran-wyr y *Post Cyntaf* oedd yn ei basio ar y ffordd i'r stiwdio.

Doedd dim gwahaniaeth pa amser o'r dydd oedd hi, roedd o'n hoff o waith ac yn egnïol iawn yn ei wneud. Pan ddaeth y nodyn terfynol gan y penaethiaid yng Nghaerdydd yn dweud nad oedd ei gytundeb am gael ei adnewyddu roedd hynny'n loes iddo. Wrth gwrs, roedd wedi cael gweithio ymhell heibio trigain oed cydnabyddedig y BBC i ymddeol, a thros ei 65 hefyd. Roedd yn anniddig meddwl am roi'r gorau iddi a ddim yn siŵr sut y byddai'n dygymod â chymaint o segurdod. Bachodd ar y cyfle i weithio i wasanaeth ar-lein BBC Cymru yn Eisteddfod Genedlaethol Dinbych a'r Fro 2013 a Bro Morgannwg y flwyddyn cynt gan fwynhau'r wythnos brysur yr oedd wedi ei gwerthfawrogi er pan oedd wedi cael mynd i'r Brifwyl a'r Urdd ar ran BBC Cymru i ohebu a thynnu lluniau.

Yn ddiamau roedd wedi medru addasu i'r dechnoleg fodern yn rhwydd. Gwelodd y datblygiadau mawr i gyd ym myd newyddiaduraeth. Yn nechrau'r saithdegau diflannodd oes y plwm o'r argraffty yng Nghroesoswallt a chyflwynwyd *offset litho*, yr oedd argraffwyr tebyg i'r Lolfa yn hen gyfarwydd ag o, ond nid felly y papurau newydd. Pan symudwyd pencadlys Woodalls dros y ffin i Gymru gan droi'n Papurau Newydd Gogledd Cymru yn yr Wyddgrug, ymhen dim roedd yn rhaid dysgu cynllunio'r papur ar y sgrin. Mwynhâi'r her hon gan ei fod yn medru rhoi ar waith yr hyn yr oedd yn ei gynllunio gyda phensil a phapur cyn hynny wrth baratoi'r *layouts* ar gyfer y diwrnod pan fyddai yng nghanol y cysodwyr cegog ar 'y garreg' yn paratoi'r tudalennau o golofnau o fetel yn y gweithdy.

Daeth technoleg arall yn rhan o'i fyd pan ymunodd â'r BBC yng Nghaerdydd. Doedd hwn ddim cymaint o gam mae'n wir â'r hyn a ddigwyddodd wrth newid o'r papur i'r sgrin yn yr Wyddgrug. Ar y sgrin yr oedd yn gweithio eto ond yn gorfod addasu i'r dechnoleg oedd yn cyhoeddi ar amrantiad unwaith yr oedd wedi dysgu sut i'w thrin. 'Dydi'r we 'ma ddim yr un fath â phapur newydd chwaith wsti,' meddai wrtha i ym Mangor. 'Mae 'na fwy o wefr mewn gweld papur yn dy ddwylo ar ôl i ti fod yn gweithio arno fo, ac mae o'n haws i'w ddarllan!'

Câi fyw rhan o'r wefr pan ddaeth yr alwad iddo fod yn Olygydd *Yr Enfys*, cylchgrawn Undeb Cymru a'r Byd, a oedd braidd yn ddryslyd a chofio ei fod yn gweithio i BBC Cymru'r Byd! Prynwyd y rhaglen gyfrifiadurol Quark iddo, yr oedd wedi arfer â hi pan oedd yn gweithio yn yr Wyddgrug. Roedd ar ben ei ddigon yn ymdrin â deunydd i'r *Enfys* yn ei gartref, yn cyfansoddi llawer iawn iddo ac yn tynnu lluniau di-ri. Bu'n cyfrannu blog ar eu gwefan hefyd. Cafodd yr Undeb was da a ffyddlon am ddeng mlynedd. Cafodd yntau hwyl ddifesur yn cywain tri rhifyn y flwyddyn ar ben ei brysurdeb gwaith bob dydd am y rhan fwyaf o'r cyfnod.

Roedd ganddo brofiad o'r 'Byd' i raddau oherwydd ei ymweliad â'r Wladfa. Mynd yno i roi help gyda'u papur *Y Drafod* a wnaeth a mwynhaodd ei hun na fu rotsiwn beth ymhlith y Gwladfawyr. Awgrymodd y byddwn innau'n cael blas ar fy ymweliad pythefnos yn 2011. Dwy oedd yn amlwg adeg seremoni'r Orsedd yn y Gaiman cyn Eisteddfod Trelew y flwyddyn honno oedd y ddwy chwaer, Tegai Roberts ac Eluned Gonzales, conglfeini'r bywyd Cymraeg ym Mhatagonia. Cyd-ddigwyddiad creulon oedd fod Tegai a Glyn wedi marw yr un wythnos.

Fedra i ddim anghofio'r diwrnod imi gyfarfod ag Eluned pan oeddem yn cael te yn festri Capel Bethel ar ôl seremoni'r Orsedd. Wrth iddi grwydro o gwmpas fel brenhines ei bro roedd rhywun wedi dweud wrthi cyn iddi ddod at ein bwrdd ni fy mod i wedi bod yn Olygydd *Y Cymro*. 'Ddim y chi ydi Colyn Pigog?' oedd ei chwestiwn sydyn. Naci wir. 'Dach chi'n nabod Glyn Evans fuo efo ni yma?' Ydw'n dda. Ond mi ataliais fy nhafod rhag sôn wrthi am ei berthynas â Colyn. Roedd wedi rhoi'r gorau i ysgrifennu ei golofn erbyn hynny beth bynnag. Dwi wedi meddwl llawer amdani yn darllen adroddiad Karen Owen yn *Y Cymro* 2 Mai 2014 yn datgelu'n gyhoeddus am y tro cyntaf mai Glyn oedd Colyn Pigog. Sgwn i a dagodd hi wrth yfed ei the *maté* y diwrnod hwnnw?

Wrth ganmol Glyn dywedodd nad oedden nhw wedi gwneud y defnydd gorau ohono tra oedd yno yn eu plith. Roeddwn yn synhwyro nad oedden nhw wedi sylweddoli fod ganddo gymaint i'w gyfrannu a môr o brofiad i'w rannu. Bid a fo am hynny, yn sicr yn ôl ei dystiolaeth cafodd fendith o fod yn eu cwmni er nad oedd ganddo air o Sbaeneg pan gyrhaeddodd yno. Wnaeth hynny ddim amharu ar yr hwyl a gafodd yn eu plith, mae'n sicr. Daeth hynny'n glir wrth iddo fod yng nghwmni dwsin o ferched o 'dueddau Buenos Aires' y bu'n cyd-deithio â nhw ar y trên o

Esquel drwy Nahuel Pan, Lepa a Leleque i El Maiten, taith o chwe awr a chwarter. Cafodd ddiwrnod wrth ei fodd yng nghwmni'r merched hwyliog a swnllyd. 'Heb iaith gyffredin – ar wahân i chwerwedd melys y *maté* a'r cusanau cyfarch wrth gyfnewid enwau – daeth y merched hwyliog a'r Cymro unig mewn gwlad ddieithr yn ffrindiau calon' yw un o'i frawddegau. Mae'r stori fach hyfryd 'La Trochita – Bywyd yn drên' a ysgrifennodd i wasanaeth ar-lein BBC Cymru yn ei arddull ddihafal yn dal ar gael ar y we gyda'i luniau a'i lais yn cyd-fynd â hi: http://www.bbc.co.uk/programmes/p00pvzcx, ac yn y gyfrol hon.

Pan oedd yn y Wladfa roedd genedigaeth Colin B. Jones a Colyn Pigog ymhell iawn o'i feddwl. Ymhen rhai blynyddoedd wedyn y daeth y cais am golofn gan Olygydd newydd *Y Cymro* ar ôl i'r wythnosolyn symud i gorlan y *Cambrian News* ym Mhorthmadog yn 2005. Bu Ioan Hughes yn gweithio i bapurau'r *Herald* pan oedd Glyn yn Olygydd Newyddion yng Nghaernarfon a gofynnodd iddo am gyfraniad wythnosol i'r papur y bu'n ei olygu. Bryd hynny roedd Glyn yn gweithio i'r Gorfforaeth Ddarlledu Brydeinig oedd yn amharod iawn i unrhyw un o'i gweision cyflog gyfrannu i gyhoeddiadau eraill heb gael caniatâd wedi ei lofnodi yn y peth agosaf i aur gan y prif benaethiaid. Doedd dim rhaid cael hawl i ysgrifennu dan ffugenw. I Ioan y mae'r diolch am enedigaeth Colyn Pigog yr oedd Colin B. yn cael blas eithriadol ar ei ysgrifennu ac wedi cael y weledigaeth yn y lle cyntaf i feddwl am y teitl a'r enw. Dim ond Glyn fyddai wedi dyfeisio'r fath gyfuniad. Cofiaf ddyfalu am rai wythnosau pwy oedd y colofnydd newydd hwn, er pendroni doedd yr enw ddim yn dod, nes i'r geiniog ddisgyn un wythnos. Mae'n siŵr bod rhyw air neu sylw wedi canu cloch. Pan oedd swyddfeydd newydd *Y Cymro* yn agor ym Mhorthmadog ar ŵyl Dewi 2005 roedd Glyn wedi cael gwahoddiad i'r rhialtwch ac yn clywed Dyfed Evans, cyn-ohebydd *Y Cymro*, yn hawlio mai fi oedd awdur y golofn. Mi ges wybod gan Glyn wedyn mor falch oedd o fod rhywun arall yn cael y bai!

Pan ddois i'n Olygydd gwyddwn mai hon oedd colofn fwyaf poblogaidd y papur, dim ond wrth wrando ar sgyrsiau cyfeillion a chydnabod, a phawb am wybod pwy oedd y Colyn Pigog. Byddai'r golofn yn cyrraedd ar brydiau yn dweud 'dim llawer yn tycio yr wsnos yma' neu 'ddim wedi cael llawer o hwyl arni y tro yma.' Heb amheuaeth byddai hynny'n gamarweiniol gan y byddai dau neu dri phwt wedi taro deuddeg. Waeth i mi gyfaddef ddim fy mod yn crinjan ar brydiau wrth ddarllen drwy ei golofn ar fore Llun i weld 'pwy oedd yn ei chael hi' yr wythnos honno. Roeddwn yn adnabod rhai ohonyn nhw'n dda ac yn gwybod mai plant i gydnabod oedd rhai eraill. O dro i dro roedd rhai yn ei chael hi oedd yn derbyn eu cyflog gan yr un cyflogwr â'r colofnydd ei hun ac efallai yn rhannu'r un adeilad. Serch hynny, amharod iawn oeddwn i newid ei waith er i mi linaru peth ar fin ei allweddell unwaith neu ddwy, er lles fy iechyd!

Wnaeth o ddim cwyno am unrhyw newid. Ac roedd yn raslon iawn mewn un achos arbennig. Pan oedd wedi anfon llun o'r *Goleuad* o gath yn dal gwn, oedd wedi ei godi o ryw gyhoeddiad neu'i gilydd yn barod, ac ychwanegu ei sylwadau pigog amdano mi ges i alwad gan y pennaeth golygyddol yn Aberystwyth yn dweud nad oedd yn hoffi cyhoeddi llun neb yn dal gwn ac roedd am imi ei dynnu o'r golofn. Fuasai hi ddim yn deall ergyd y sylw wrth gwrs am nad oedd yn medru Cymraeg. O ran cwrteisi mi ges i air â fo i egluro ac roedd 'yn deall yn iawn', yn llawer cleniach nag oedd fy sylwadau i am y pwnc o gofio am y degau sy'n cael eu saethu ar deledu bob wythnos!

Roedd yn fendithiol iawn mai ychydig iawn o gwynion a ges i

am gynnwys ei bytiau crafog. Gwyddai o brofiad fod unrhyw gŵyn yn mynd ag amser a does gan olygydd heb lawer o weithwyr fawr iawn o hwnnw i'w neilltuo yng nghanol ei brysurdeb. 'Rwyt ti'n lwcus nad ydi Geraint Jones yn dal wrthi,' meddai pan ddechreuais olygu. Gwyddai am yr helynt a fu pan wrthododd y cwmni gyhoeddi erthygl gan y colofnydd o Drefor pan oedd y Golygydd ar ei wyliau. Derbyniodd y cyhoeddwyr a'r colofnydd lythyr twrnai am erthygl flaenorol. Roedd y colofnydd wedi ysgrifennu ateb i'r llythyr yn ei golofn yr wythnos wedyn tra oedd y cwmni am ymddiheuro yn yr un rhifyn. Yr ymddiheuriad a ymddangosodd, nid y golofn. Ni welwyd cyfraniad wedyn o Sêt y Gornel. Achubwyd fy nghroen fel y dywedodd Glyn!

Un peth a oedd yn loes calon iddo wedi i Bapurau Newydd Gogledd Cymru werthu'r *Cymro* i gwmni Tindle, perchnogion y *Cambrian News*, oedd fod ei holl gasgliad o luniau a welwyd yn y papur o ddyddiau Croesoswallt hyd y cyfnod y gadawodd yr Wyddgrug wedi cael eu taflu. Aeth i'r drafferth i'w ffeilio ar hyd y blynyddoedd ond nid oedd fawr o barch i'w ymdrech. Mae'n wir fod ystafell yn uchelfannau'r swyddfa ym Mhorthmadog yn llawn o hen ffeiliau'r Wyddgrug wedi eu taflu blith draphlith ar bennau'i gilydd. Hyd y gwelwn i ychydig iawn o gasgliad gwerthfawr Glyn oedd wedi goroesi.

Pan benderfynais i adael yn 2009, cyn ffarwelio mi ges i alwad gan ddau gyfrannwr. Roedd Gwilym Owen am roi'r gorau iddi a doedd Glyn ddim yn barod i ddal ati dan Olygydd newydd. Yn rhyfedd iawn gwyddwn fod y ddau yn rhannu'r un ddesg yn ystafell newyddion y BBC ym Mangor ond mi wyddwn hefyd na fyddai Glyn erioed wedi bod yn trafod ei benderfyniad gyda Gwilym Owen. Fyddai o byth yn cydnabod mai fo oedd Colin B. Jones er bod ei gyd-golofnydd yn gwybod hynny'n iawn. Na, doedd dim troi arno am ei fod ofn i Olygydd newydd nad oedd yn ei adnabod fynd ati i ddweud wrth bawb pwy oedd o a fyddai hynny ddim lles i'w yrfa. Bu raid i mi dorri'r newydd i Dylan Halliday, wythnos cyn iddo ddechrau yng nghadair y Golygydd, fod dau o'r colofnwyr yn gorffen yr wythnos honno. Gwyddwn fod hynny'n ergyd galed i'r papur, yn ei sigo i'w seiliau yn wir, ar ddechrau cyfnod Golygydd newydd. Gwyddai Glyn hynny hefyd ond doedd dim ailfeddwl i fod.

Bron ddeugain mlynedd cyn geni Colyn Pigog roedd wedi bod yn gyfrifol am ddechrau colofn Pobl a Phethau yn 1970 o dan yr enw Sgriblwr. Mabwysiadodd yr enw o lythyr gan Dr J. Gwyn Griffiths, Abertawe oedd am achub cam ei gyfaill Rhydwen Williams ar ôl i Glyn adolygu ei lyfr *Y Briodas*, y rhan gyntaf o dair nofel fywgraffyddol dan y teitl cyffredinol *Cwm Hiraeth*. Un o'i frawddegau am y llyfr oedd 'Dechrau gwael i'r gyfres.' Un o gwestiynau'r llythyrwr oedd 'Pwy yw'r sgriblwr hwn?', yn rhannol am fod *Y Cymro* yn caniatáu i adolygwyr ysgrifennu dan briflythrennau eu henwau, G.E. yn yr achos yma.

Mi barodd yr ohebiaeth honno i mi fynd ati i dynnu ei goes. Yn adeilad y cwmni gyferbyn â hen orsaf Croesoswallt roedd amryw yn galw yn eu tro wrth y ddesg groesawu. Byddai'r alwad yn dod drwy'r ffôn mewnol fod rhywun yno i weld hwn a hwn. Yn fuan wedi i gŵyn y llythyrwr ymddangos yn *Y Cymro* mi es i lawr o'r swyddfa ym mhen uchaf yr adeilad a gofyn i'r ferch hawddgar oedd yn gweithio yno a fuasai hi'n ffonio Glyn ar ôl i mi fynd o'r golwg a dweud fod Rhydwen Williams wedi galw i'w weld. Cytunodd ar ei hunion. A phan es i yn ôl roedd Glyn newydd gael yr alwad a golwg ddryslyd iawn ar ei wyneb am fod y ferch wedi ei ffonio yn dweud fod *Miss* Rhydwen Williams am ei weld wrth y ddesg.

Wrth gwrs doedd yr un Miss na Mr Rhydwen Williams wedi

cyrraedd, oedd yn rhyddhad mawr i'w enaid. Daeth yn ôl yn tafodi dan ei wynt am y 'diawliaid' oedd wedi peri i'w galon neidio, ac yn chwerthin efo ni wedyn am y tynnu coes oedd wedi mynd o chwith gyda rhyw yr awdur dan sylw.

Yn ei gyfnod cynnar ar *Y Cymro* y dechreuodd gyfrannu i'r dudalen lyfrau wedi i Gwyn Griffiths ei sefydlu yn sgil ei dudalen bop yr oedd wedi rhoi cychwyn iddi flwyddyn neu ddwy ynghynt. Symudodd Gwyn at y BBC yn 1969 a Glyn wedyn oedd yn gofalu am y dudalen lyfrau a'i Deg Uchaf. Roedd yn ffonio siopau i gael eu rhestr ac roedd un alwad yn para oesoedd bob wythnos. Ffonio siop yng Nghaerdydd yr oedd o lle'r oedd Margaret Glenys yn gweithio. Dwi'n credu eu bod yn sgwrsio am bob dim dan haul – yn ogystal â llyfrau! Roedd adnabyddiaeth Glyn o Gaerdydd yn help i'r sgwrs. Ymhen rhai blynyddoedd mi ddeallais i pwy oedd y llais y pen arall i'r ffôn. Daeth yn fwy cyfarwydd fel Madam Sera ar raglen *Helo Bobol* a sawl rhaglen arall wedi hynny.

Hwn oedd y cyfnod pan ddechreuodd y darllen a'r adolygu parhaus, arferiad a atgyfodwyd ar gyfer y gwaith ar BBC Cymru'r Byd. Roedd wedi trwytho'i hun yn y byd cyhoeddi Cymraeg ers ei flynyddoedd cyntaf yn swyddfa'r *Cymro* ac os nad oedd yn ffonio'r gweisg i gael gwybod am eu cynlluniau cyhoeddi roedd yn holi awduron. Gan nad oedd yn gyrru car y dyddiau hynny doedd hi ddim yn hawdd iddo grwydro ymhell. Trefnodd i weld yr awdur cymharol newydd ar y pryd, John E. Williams, oedd yn byw yn Llandrillo-yn-Rhos. Roedd Gwasg Gee wedi cyhoeddi ei nofel *Hadau Gwyllt* yn gynnar yn 1969. Cynigiais fynd â fo i'w weld yn hwyr un prynhawn ac yno y bûm am sbel go hir yn eistedd yn y car yn disgwyl amdano. Yn amlwg roedd wedi cael croeso a'r sgwrs yn felys a phan ddaeth i'r car o'r diwedd doedd dim pall ar ailadrodd y straeon difyr a glywodd

29

gan yr awdur am ei fywyd ymhlith sipsiwn yn Andalwsia a thaith 6,000 o filltiroedd ar draws Ewrop gyda'i wraig ar foto-beic. Ysgrifennodd yr hanes yn yr atodiad llyfrau yr wythnos wedyn.

Mae un daith arall yn y car yn dal yn y cof ac roeddwn yn sôn wrtho amdani ychydig fisoedd cyn ei farw. Roedd y ddau ohonom wedi cael ein rhyddhau o'r swyddfa am ddiwrnod ddiwedd yr wythnos i fynd i Eisteddfod Genedlaethol Rhydaman 1970. Roedd Ioan Roberts a Lyn Ebenezer yno'n gohebu drwy'r wythnos. Cofio Maes yr Eisteddfod oedd Glyn wrth i mi ei atgoffa o'r siwrnai am iddo gyfarfod Dennis Rees, rheolwr Llyfrau'r Dryw, am y tro cyntaf wedi siarad llawer â fo ar y ffôn. Oedd, roedd cyfarfod 'Den the Wren', chwedl Gwyn Griffiths amdano yn y swyddfa, yn ddigwyddiad o bwys iddo ac yn fendithiol at eto i'w golofn lyfrau.

Parhaodd y berthynas glòs rhyngddo a llyfrau a chylchgronau Cymraeg am dros ddeugain mlynedd ac er ei fod wedi newid trywydd ddwywaith neu dair yn ystod ei yrfa câi flas mawr ar ddarllen ac adolygu llyfr a chadwodd gyfran fawr ohonyn nhw yn ei gartref. Fedra i ddim dychmygu nifer y llyfrau a adolygodd ar hyd y blynyddoedd ac roedd yn dal i ysgrifennu ambell adolygiad i gwales.com ar ôl ei ymddeoliad. Holai'n aml tan yn ddiweddar, 'Wyt ti wedi darllen y llyfr-a'r-llyfr?'; yn amlach na pheidio doeddwn i ddim ond roedd ganddo sylw treiddgar i'w wneud am ei gynnwys neu ryw agwedd arno.

Cam naturiol iddo pan ddaeth yn Olygydd *Y Cymro* oedd cyflwyno cais am grant i'r Cyngor Llyfrau Cymraeg fel yr oedd bryd hynny. Bu tipyn o drafod cyn hynny pam na allai papur newydd dderbyn grant. Fe'i cofiaf yn dweud yr hanes o 'fynd o'u blaenau' yn Aberystwyth i drafod y cais ysgrifenedig a phrofiad mor ddirdynnol oedd hynny iddo. Er y gwewyr bu'r cais yn llwyddiannus ac yn 1995 derbyniodd *Y Cymro* y grant cyntaf o £10,000. Synnwn i ddim nad oedd cyfraniad Glyn i fyd llyfrau Cymraeg wedi dylanwadu rhywfaint ar y penderfyniad. Derbyniwyd y grant yn flynyddol wedi hynny a chynyddodd y swm i £18,000 ymhen rhai blynyddoedd ar ôl i Glyn adael, a hwnnw yw'r swm o hyd.

Pan oedd dyfodol yr *Herald Cymraeg* yn y fantol roedd yn frwd iawn i'r papur hwnnw hefyd dderbyn nawdd. Teimlai'n bendant na ddylai papur Cymraeg fynd i ddifancoll. Ysgrifennodd, gydag eraill, i gefnogi'r alwad am arian i'w gynnal. Gwn ei fod yn siomedig iawn nad oedd ymateb o gwbl i roi rhyw fath o gynhaliaeth i'r papur y bu'n ymwneud â fo am gyfnod byr. Trengi a wnaeth yr *Herald* fel papur yn ei iawn ei hun fel y gwyddom gan ymddangos yn bedair tudalen bob dydd Mercher yn y *Daily Post*.

Doedd ei frwdfrydedd dros bapur dyddiol ddim mor angerddol, yn wir roedd yn llugoer iawn ynglŷn â chynlluniau Ned Thomas i gychwyn *Y Byd*. Nid oedd yn gweld dyfodol o gwbl i'r syniad. Bob tro roedd y pwnc yn codi yn ystod cyfnod y paratoi a chodi arian roedd yn llawn amheuaeth ynglŷn â'r cyfan. Ei brofiad gyda'r *Cymro* oedd yn gyfrifol am hyn. Gwyddai mor anodd oedd denu darllenwyr Cymraeg i bapur wythnosol a gwelodd y cylchrediad o 8,000 pan ddechreuodd gyda'r papur yn 1967 yn dirywio i ryw 4,000 ar y gorau pan adawodd yn 1998. Credai hefyd fod y rhifyn o'r *Byd* a gyhoeddwyd yn Eisteddfod Genedlaethol Casnewydd 2004 wedi rhoi'r farwol iddo. Teimlai fod hwnnw mor llwydaidd a digyffro fel nad oedd gobaith denu 7,000 o brynwyr yn ddyddiol fel y bwriedid. Cafodd ryddhad pan gyhoeddodd Llywodraeth Cymru nad oedden nhw am gefnogi *Y Byd* a'u bod am roi arian i gynnal 'papur' ar y we. Cymerai ddiddordeb eithriadol pwy fyddai'n ymgeisio am y grant. Pan benderfynwyd mai cwmni *Golwg* fyddai'n ei gael roedd yr arian hwnnw yn hir iawn yn dwyn ffrwyth a holai'n gyson beth oedd wedi digwydd a lle'r oedd yr hyn a ymddangosodd ymhen hir a hwyr dan y teitl Golwg360. Gwnâi hynny fel un a oedd eisoes yn gweithio i un cyhoeddiad dyddiol ar y we a rheswm proffesiynol oedd holi am hynt yr 'oposisiwn.'

Glyn y newyddiadurwr oedd yn holi er nad oedd yn ymwneud yn uniongyrchol ag ochr newyddion gwasanaeth ar-lein BBC Cymru. Ei ddiddordeb dwfn mewn materion Cymraeg a Chymreig oedd yn dod i'r brig, byd yr oedd bob amser mor barod i'w drafod. Y dyn papur newydd oedd yn dal wrthi ac er iddo ymdrwytho yn y dechnoleg fodern yr un oedd Glyn o hyd – dyn yr oedd ei glust yn barod am stori, dyn y pensil a'r pad papur ysgrifennu a'r dyn a roddodd ei oes i wasanaethu'r wasg Gymraeg yn ei hamrywiol ffyrdd.

3

Pobl a Phethau

Colofn y Sgriblwr, *Y Cymro*, 1969

[gan Glyn Evans]

Pwy ddywedodd y byddai'r ymwelwyr i gyd yn mynd ar goll pe byddem yn dechrau defnyddio ffurfiau Cymraeg enwau rhai lleoedd? Er enghraifft, Abertawe yn lle Swansea. A ninnau'n defnyddio'r Saesneg ymddengys i mi bod rhai pobl ar goll eisoes.

Yn y rhifyn cyfredol o'r *Radio Times* ar gyfer y Sul sydd newydd fod rhoir manylion am wasanaeth crefyddol o Abergele. Yna ar waelod y truth Cymraeg ceir y llinell Saesneg, 'Morning service from Holyhead'.

O mor hapus fyddai'r BBC pe bai enwau lleoedd yng Nghymru yn uniaith Gymraeg.

Pamffled

Bythefnos yn ôl roeddwn yn canmol Bwrdd Nwy Cymru am gyhoeddi pamffledyn dwyieithog deniadol y gallai llawer ei efeylchu. Yr wythnos hon canmolaf Fwrdd Trydan Glannau Mersi a Gogledd Cymru. Cyhoeddodd y Bwrdd grynodeb o'i adroddiad blynyddol yn Gymraeg. Mae hwn eto yn bamffledyn deniadol dros ben ac yn enghraifft o'r hyn y gellir ei wneud ond i'r awdurdodau roi eu meddwl ar waith. Mae'n lliwgar, yn syml

33

ac yn hawdd ei ddilyn. Mae'n dda gweld yr awdurdodau hyn sy'n cael eu harian o Gymru yn sylweddoli ein bod yn wlad gyda'n hiaith ein hunain a'n bod yn hoffi cael gwybod beth maent yn ei wneud yn ein hiaith ein hunain.

Yr efengyl yn ôl

Yr ydym oll wedi penderfynu bellach pa un ai cyllideb dda ynteu un ddrwg a gafwyd gan Mr Barber yr wythnos diwethaf. Awgrymodd un fod hon y gyllideb fwyaf Cristnogol a gafwyd ers tro byd gan fod Mr Barber yn dilyn geiriau Crist i'r llythyren:

'Canys i bob un y mae ganddo y rhoddir . . . ac oddi ar yr hwn nid oes ganddo y dygir oddi arno, ie, yr hyn sydd ganddo.'

Cristnogol neu beidio, methodd y Torïaid â chadw eu haddewidion cyn-etholiadol. Beth, er enghraifft, sydd wedi digwydd i'r dreth uffernol honno roedd y Torïaid gymaint yn ei herbyn ac am ei diddymu y cyfle cyntaf ddeuai, yr S.E.T.? Hyd y gwn i, ni soniodd Mr Barber air amdani. Efallai gyda hwy mewn grym nad yw yn dreth mor uffernol wedi'r cyfan.

A thybed beth mae'r merched hynny a bleidleisiodd i Mr Heath am ei fod am sicrhau y byddai gymaint yn rhatach iddynt fynd allan i siopio yn ei ddweud nawr? Ymddengys mai i fyny ac nid i lawr yr aiff costau.

A dyna'r lle oeddem ni yn cael ein hatgoffa am onestrwydd hynod Mr Heath ac anonestrwydd dihafal Mr Wilson cyn yr etholiad.

Arwain yr ysgol

Dyma hi'n ddiwedd Hydref a minnau wedi dod o hyd unwaith eto i ddyfyniad y mis. Y llefarydd y tro hwn yw John Owen a siaradodd yn ei ffordd arbennig ei hun yng Nghynhadledd Plaid Cymru wythnos yn ôl. Sôn yr oedd am y cyn-Ysgrifennydd

Gwladol, Mr George Thomas. Fel hyn y disgrifiodd ef Mr Thomas: 'The self-appointed headmistress of Wales.'

Ejiwcesional iawn

Heb wneud unrhyw sylw personol, dyfynnaf y llythyr hwn gan 'Mab y Mans' yn y rhifyn diweddaraf o *Chwyn*, Bwletin Newyddion Coleg y Drindod Caerfyrddin. Meddai, 'Oh, mae bywyd yn great yn Trinity. Codi dydd Llun, brecwast, Union Building i gael look ar y morning papers cyn y lecture gynta. Mynd i'r gym am eleven fifteen a chael darlith hyfryd yn Saesneg ar 'Play.' Yn wir, advantage mawr ydy cael y Professional Course trwy gyfrwng y Second Language, hyd yn oed i'r Welsh Group. [Ni wyddom a yw'r Grŵp Saesneg yn ei gael drwy gyfrwng y Gymraeg.]

'Dyma beilingiwalism ar ei oerau sef y lecturer un lecturo yn Saesneg i'r students yn translatio'r cyfan yn eu meddyliau chwim wrth fynd ymlaen.

'Ond nid y Welsh Group P.E. yn unig sydd yn cael yr advantage mawr yma. Mae'r Welsh Group Addysg [sic] yn cael eu education [dyna well] lectures drwy gyfrwng eu hail iaith ar Wednesday Afternoon. Hyfrydwch pur yw clywed symphony o'r iaith fain yn dylifo allan o enau gŵr sydd yn defnyddio big words llathen a hanner o hyd. Dim rhyfedd bod students yn whispero a'i gilydd. Ac nad peth unusual yw clywed 'Be di hwnna'n Gymraeg?' – 'Be uffar ydy 'chromosomes' neu 'Quadrivium.''

'A phan mae'r whispero yn mynd ymlaen fe gyfyd y symffoni i double forte a bygwth y whisperer y cai ei anfon allan!!

'Dyw hyn ddim digon da. Os na bydd pethau'n gwella, mi fydd yma le.'

A ddarlleno ystyried.

Yn eisiau – pechaduriaid

Syndod o'r mwyaf i Sgriblwr hyd yn oed yn y dyddiau llygredig hyn, oedd sylwi bod y Gorfforaeth Ddarlledu Brydeinig (Adran Cymru) yn hyrwyddo addoli Mamon – a hynny ar y Sul.

Estyn y BBC wahoddiad i Gymry, a ddylai fod yn troedio tua'r cwrdd, i ddod i'r stiwdio i Gaerdydd i ennill arian mewn rhaglen gwis o'r enw *O Lein i Lein* a recordir ar Ddydd Sul.

Yn sicr, nid tywys y Cymry tuag at fateroldeb enillion ariannol yw swyddogaeth y BBC yng Nghymru. 'O lein i lein' yn wir – o ddrwg i waeth fyddai'n well disgrifiad.

Gwaeth yn wir yw'r ffaith y bydd gwylwyr diniwed yn gwylio'r rhaglen hon ar noson o'r wythnos heb wybod mai ar ddydd ein Harglwydd y digwyddodd y fath gamwri materol.

Ar goll

Yr ydym i gyd wedi sylwi ar y cwestiynau twp a ddaw i'n cyfeiriad bob hyn a hyn oddi wrth y gwasanaeth suful.

Yr oedd cyfaill imi y dydd o'r blaen yn mofyn pasport cyn mynd ar ei wyliau dramor ac yr oedd, wrth gwrs, yn rhaid llenwi ffurflen cyn cael y ddogfen.

Un rhan o'r ffurflen a ddaliodd ei sylw oedd honno yn gofyn a gafodd basport o'r blaen a lle'r oedd hwnnw'n awr. Os collwyd y pasport gofynnwyd pa bryd y'i collwyd, ac yn lle neu gwestiynau i'r perwyl – a beth oedd rhif y pasport.

Fel y dywedodd fy nghyfaill pe gallai ateb y tri chwestiwn yna ni fyddai'r pasport ar goll.

Mae'n gwneud i rywun feddwl mai ar luniwr y cwestiynau yr oedd y coll mwyaf.

4

Y Wladfa

Adolygiadau gan Glyn Evans
ar gyfer gwasanaeth ar-lein BBC Cymru

§ **Dau begwn** *Patagonia*
  07:04, Dydd Mawrth, 8 Mawrth 2011

Mae yna rywfaint o begynu barn am y ffilm *Patagonia* gyda Duffy a Matthew Rhys.

Adolygydd y *Daily Telegraph* yn ei disgrifio fel llwyd a blinedig – *'pallid and fatiguing'* ond gwefan Arts Desk yn canmol cyfoeth ei *'cinematic textures'*.

Mae'n disgrifio hefyd gameo hyfryd gan Duffy tra bo Kevin Harley o *Total Film* yn ei chyhuddo hi, druan fach, o 'roi un hoelen olaf yn arch y ffilm'.

Dwi'n meddwl ei bod yn deg dweud i ymateb y beirniaid Cymraeg fod yn gyffredinol ganmoliaethus gyda Branwen Gwyn ar *Raglen Dewi Llwyd* ar BBC Radio Cymru fore Sul yn ei disgrifio fel y ffilm Gymraeg orau a welodd erioed a rhoi deg allan o ddeg iddi.

Gall gystadlu'n hawdd efo ffilmiau Hollywood meddai.

Canmol hefyd mae Lowri Haf Cooke ar y wefan hon.

Ac ar wefan filmjabber dywed adolygiad y Seattle International Film Festival fod yr actorion yn gyffredinol dda ac yn dygymod yn iawn â'r hiwmor yn y sgrifennu sy'n cadw pethau i fynd.

'Dydi *Patagonia* ddim heb ei ffaeleddau ond maen nhw'n nodweddiadol fach,' meddir gan gyfeirio at actio cryf, sgrifennu cynnes a golygfeydd hyfryd fel y pethau o'i phlaid.

Fodd bynnag, fel '*drab, soap opera-like melodrama*' mae *Time Out* yn disgrifio ffilm Marc Evans ond yn canmol ei lygaid am luniau trawiadol.

'*Collector's item*' ydi disgrifiad Anthony Quinn yn yr *Independent* o'r ddau *road movie* am bris un yma.

A gwelodd *Little White Lies* eiliadau o 'felodrama a nwyd dwys' yn ogystal â hiwmor.

Ym marn y *Daily Mirror* hefyd mae'r ffilm yn '*complete gem*'.

O gywain casgliad o sylwadau daw Rotten Tomatoes i'r casgliad mai pump allan o ddeg yw haeddiant *Patagonia*.

Gyda chymaint o wahaniaeth barn does dim dewis ond mynd i weld a dod i'ch casgliad eich hun a Mawrth 31 yn Theatr Clwyd, Yr Wyddgrug, fydd y cyfle cyntaf yn yr ardal hon.

Gawn ni weld wedyn pwy sy'n iawn, Branwen Gwyn ynteu Tim Robey y *Telegraph*.

Ac os gwelwch chi'r ffilm – anfonwch air.

§   ***Un o Ble Wyt Ti?***, nofel gan Ioan Kidd. Gomer. £8.99.
    07 Tachwedd 2011

Dros yr ychydig flynyddoedd diwethaf bu mynd a dod mawr rhwng yr Ariannin a Chymru. Athrawon o Gymru yn mynd i fwrw tymor ymhlith Cymry Patagonia a dysgwyr o Batagonia yn cyrchu am yr 'Hen Wlad' i gryfhau eu Cymraeg a blasu peth o hen win eu cynfyd.

Cyhoeddwyd nofel am y naill yn 2006, *Glas* gan Hazel Charles Evans, ac wele'n awr Ioan Kidd yn mynd i'r afael â'r profiad Patagonaidd o Gymru yn ei bedwaredd nofel.

Mae'n cael ei disgrifio fel stori 'am y berthynas arbennig rhwng Cymru a'r Wladfa' ond mae hi'n fwy na hynny mewn gwirionedd a'i phwyslais ar berthynas pobl â'i gilydd waeth o ble maen nhw'n dod.

Mae rhywun yn blino dweud hyn ond rhaid ymddiheuro am ymatal unwaith eto rhag sôn gormod am y stori ei hun – rhag difetha'r llyfr i ddarllenwyr – gan gyfyngu'r sylwadau i fawr mwy nag a ddywedir ar y clawr.

Mae'r nofel yn cychwyn gyda Luis Arturo Richards 29 oed yn cyrraedd maes awyr Caerdydd wedi cefnu ar ei fywyd gyda'i gariad, Gabriela, yn Buenos Aires i chwilio am ei wreiddiau a lleddfu anniddigrwydd sydd yn ei fywyd.

'Roedd dod i Gymru i fod i'w helpu i ddeall pwy oedd e a beth oedd e am ei wneud â'i yrfa ddisglair ar ôl dychwelyd i'w wlad ei hun,' meddir yn y nofel.

Dim croeso

Ond ar sawl gwedd dyw Cymru ddim yr hyn roedd e'n ei ddisgwyl a'i brofiad cyntaf o'r wlad, yn y maes awyr, yn un anghroesawgar iawn a'i phobl hefyd yn wahanol i'r hyn a dybiasai.

Erbyn diwedd y nofel 'roedd dod i Gymru wedi codi llawn cymaint o gwestiynau ag o atebion'.

Ar ben hynny y mae yn y Gymru annisgwyl hon gyfrinach deuluol ysgytwol i'w datgelu.

Mae cryn ddryllio delwau.

Cychwyn ei arhosiad yng Nghymru ar aelwyd Llinos a Gerallt Morgan lle mae Luis yn talu am ei lety gyda gwersi Sbaeneg i'w mab Tomos.

Trwy'r teulu, ac wedi i'w berthynas ag ef chwalu, daw i adnabod mewn amryfal ffyrdd griw o Gymry digon brith, Lynwen sy'n cadw gwesty, Kayleigh sy'n gweithio mewn cartref henoed a Siwan Gwilym, ffotograffydd dlos sy'n peri inni amau tybed a yw dyddiau Gabriela wedi eu rhifo.

Caerdydd a Dyffryn Afan yw'r lleoliadau pwysig ond trwy Luis yr ydym yn cael hefyd gip ar yr Ariannin a'r gymuned Gymraeg yno.

Ac ar ben arall y ffôn, wyth mil o filltiroedd i ffwrdd yn Nhrelew, y mae mam Luis yn gymeriad pwerus, er nad yw'n 'ymddangos' yn y nofel fel petai.

Ond mae ei darlun rhamantaidd o Gymru ac o arwriaeth teuluol sy'n ymestyn yn ôl i ddyddiau cynnar sefydlu'r Wladfa pan ddihangodd yr aelod cyntaf o'r teulu yno yn bethau y mae'n rhaid i Luis ddod i delerau â nhw.

Yn waeth nag mewn bywyd go iawn hyd yn oed; does yna ddim byd yn syml mewn nofel ac mae hynny'n wir am *Un o Ble Wyt Ti?*.

Wrth fynd drwy'r hanes mae Ioan Kidd yn tynnu llun digon anghysurus, a chrafog weithiau, o elfennau o fywyd ein gwlad a'i phobl ac yn anffodus yr ydym yn adnabod yr elfennau hynny yn ein Cymru go iawn ninnau hefyd.

Yn cydio
Dyw *UOBWT?* ddim yn nofel sy'n carlamu'n wyllt tua'i therfyn ond yn rhyw ddadweindio'n araf deg. Y mae hi serch hynny yn cydio a'r cymeriadau yn ein denu a rhai ohonyn nhw a chyfrinachau yn eu cypyrddau.

Weithiau, fodd bynnag, teimlwn y gellid fod wedi tynhau rhywfaint ar y ddeialog yn y mannau hynny o fân siarad.

Dydw i ddim yn siŵr ychwaith a fu'r awdur yn gwbl lwyddiannus yn gosod yr acen a'r idiom Batagonaidd unigryw ar bapur. Caiff well hwyl gyda'r acenion Cymreig.

Yr hyn sydd gan y nofel i'w gynnig yn arbennig yw ei golwg ar berthynas pobl â'i gilydd – gydag ambell i, wel ddweda i ddim pregeth, ond ambell i foeswers bwrpasol yn cael ei chynnwys bob hyn a hyn.

Yn gelfydd iawn mae taith Luis i ddod i adnabod ei hun a wynebu ei ansicrwydd a'i amheuon personol yn fodd i'r cymeriadau eraill y mae'n eu cyfarfod ddod o hyd i'w 'hunan' hwythau hefyd ac mae dewis anhwylus i'r Archentwr ifanc ei wneud ar y diwedd.

Nofel nêt fyddai rhywun yn ei ddweud.

§ *Patagonia – Yr Hirdaith / The Long Journey*
Cynhyrchiad Theatr Cenedlaethol Ieuenctid Cymru, 2011.
Clwyd Theatr Cymru, Yr Wyddgrug. Medi 5, 2011. (06 Medi 2011)

Tybiaf mai'r hunllef fwyaf i gyfarwyddwr neu gynhyrchydd sioe lwyfan yw gorfod ei gwneud yn ddwyieithog.

Mae rhywun yn prysur ddod i gredu fod cael cynhyrchiad dwyieithog esmwyth a fyddai'n boddhau pawb yn gwbl amhosib.

Ond o gynhyrchiad i gynhyrchiad dyma'r her sy'n wynebu Theatr Cenedlaethol Ieuenctid Cymru, a phob blwyddyn mae'n gwneud ymdrech lew i'w goddiweddyd.

Gyda'r cynhyrchiad eleni yn troi o gwmpas y mudo o Gymru i

sefydlu Cymru newydd Gymraeg ym Mhatagonia yn 1865 yr oedd yr her gymaint mwy gan fod yr iaith mor ganolog i'r holl fenter.

Dim ond i raddau, fe fentrwn ddweud, y llwyddodd yr elfen ddwyieithog o'r cynhyrchiad gan roi mwy, mae'n debyg, i'r rhai hynny a ddeallai'r ddwy iaith.

Ymroddiad

Cychwynnodd y cwmni ar ei daith o gynhyrchiad Tim Baker yng Nghanolfan y Celfyddydau, Aberystwyth, Medi 4 gydag ail berfformiad yng Nghlwyd Theatr Cymru Medi 5 a dau berfformiad yn Theatr Richard Burton, Coleg Cerdd a Drama Cymru, Caerdydd, Medi 7 ac 8.

Cryn her o fewn ychydig ddyddiau i berfformwyr ifanc ond her a dderbyniwyd ganddynt ag arddeliad a'r ymroddiad hwnnw sy'n dod mor naturiol i'r cwmni hwn.

Gallai teitl y cynhyrchiad, *Patagonia, Yr Hirdaith – The Long Journey* beri dryswch i'r rhai sy'n gyfarwydd â 'Hirdaith Edwyn [Cynrig Roberts]' ond Hirdaith y cynhyrchiad hwn fodd bynnag yw'r saith mil o filltiroedd ar long hwyliau'r *Mimosa* i draeth ger y fan a elwir yn Borth Madryn erbyn heddiw.

Y daith honno sy'n mynd â'r rhan fwyaf o amser y cynhyrchiad gyda'r un rhan o dair olaf yn ymwneud â siom a dicter y mudwyr o gyrraedd gwlad o lwch a chrinder yn hytrach na'r werddon ir o ddyfroedd croyw a phorfeydd gwyrddlas a'u penderfyniad wedyn i ddal ati a bwrw iddi.

Nid bod ganddynt lawer o ddewis dan yr amgylchiadau a diau y bydd hanes eu gwyrth yn dofi'r fath le anghroesawgar yn destun cynhyrchiad arall i gyd-fynd â dathliadau canrif a hanner y fenter sydd ar y gweill ar gyfer 2015.

'Rydym erbyn hyn wedi meithrin cysylltiadau cryf â phobl

ifanc a mudiadau ym Mhatagonia, ac rwy'n dyheu yn fawr y bydd ThCIC mewn rhyw ffordd yn chwarae rhan arwyddocaol yn y dathliadau fydd yn nodi 150 mlwyddiant taith y *Mimosa*,' meddai Tim Baker, cyfarwyddwr artistig y cwmni, yn rhaglen y daith bresennol.

Gallwn fawr obeithio hynny gan fod yr hanes hwn – bydded yn cael ei gyfrif yn un o ffolinebau hanes neu'n weithred o arwriaeth rhyfeddol, yn ôl eich safbwynt, yn cynnig ei hun i'r gwrthdaro hwnnw sy'n creu theatr dda.

Yn rhyfeddu

Ac mae rhywun yn rhyfeddu, fel Tim Baker ei hunan, i gyn lleied gael ei wneud o'r fath ddeunydd ar lwyfan.

'Sy'n syndod,' meddai, 'gan ystyried natur unigryw pendant-rwydd y setlwyr i greu Cymru newydd y tu hwnt i Gymru, a'r angerdd sy'n dal i'w deimlo wrth sôn am ddyfodol y Wladfa Gymreig hyd heddiw.'

Mae'n chwarel gyfoethog a anwybyddwyd i raddau helaeth mewn ffilm a llên hefyd am ryw reswm er bod sawl stori dda i'w dweud.

Golygfa gyfoes yw un olaf un y cynhyrchiad hwn i bwysleisio parhad y fenter hyd heddiw a chyndynrwydd disgynyddion y Cymry cynnar – a ffodd i greu Cymru newydd y tu draw i Gymru – i ollwng y rhan hon o'u hetifeddiaeth.

Mae'r freuddwyd honno o Gymru newydd, rydd a chyfartal, y tu draw i Gymru yn fyrdwn parhaol yn y cynhyrchiad hwn o'r olygfa gyntaf honno o'r Cymry a'u bagej yn disgwyl am long yn Noc 4 yn Lerpwl.

A chychwyn sigledig oedd o gyda chapten y *Mimosa* yn cyhoeddi y byddai 'y llong hon a chwithau yn mynd i lawr mewn hanes – neu'n jyst mynd i lawr.'

Mewn cyfres o olygfeydd mae'r tri dwsin o actorion sydd ar y llwyfan yn cyffwrdd â holl galedi'r daith o farwolaeth plentyn i enedigaeth un arall, o gael eu sgytio a'u hyrddio mewn storm i ddistawrwydd iasol y *doldrums* sydd yn un o olygfeydd mwyaf effeithiol y cynhyrchiad.

Cyfres o ddarluniau
Darluniau o'r fath yw'r strwythur ond mae rhywun yn holi tybed na fyddai'r cynhyrchiad wedi elwa o fod wedi cael stori *bersonol* yn llinyn i gydio'r cyfan wrth ei gilydd.

Ond y dewis fu cynhyrchiad tebycach i basiant nag i ddrama – ond annheg fyddai ei feirniadu am beidio â bod yr hyn na fwriadai fod.

Ac er nad yn gynhyrchiad mor uchelgeisiol ag eraill a welwyd gan Tim Baker o'r blaen yn ystod ei gyfnod yn gyfarwyddwr artistig go brin y bydd neb yn cwyno am berfformiad gyda sawl golygfa gofiadwy a nifer o ganeuon synhwyrus iawn.

§ **Blog gan Glyn Evans – La Trochita – bywyd yn drên**
Taith ar y trên ym Mhatagonia

'A *fyddan nhw hefyd, wrth edrych drwy eu halbyms yn holi eu hunan – pwy goblyn o'dd o tybad?'*

Esquel:
'Ydych chi'n cymryd *maté*?'
Dwi'n meddwl mai dyna ddywedodd y ddynes er mai dim ond y gair 'maté' wnes i ddeall. Mi gymris i'r cwpan a sugno diod cyfeillgarwch yr Archentiaid, beth bynnag, a chael fy nhynnu i

44

gymdeithas dwsin o ferched hwyliog, swnllyd, ar wyliau o dueddau Buenos Aires.

Yn treulio chwe mis ymhlith Cymry Patagonia, yr oeddwn wedi neilltuo diwrnod i deithio ar El Viejo Expreso Patagonico – yr Old Patagonian Express. La Trochita i'w ffrindiau.

Taith 237 o gilometrau llafurus ac araf ar gyflymdra mwyaf o 37 milltir yr awr o Esquel drwy Nahuel Pan, Lepa a Leleque i El Maiten mewn chwe awr a chwarter.

Cyn cychwyn, mae'r gyrrwr a'r taniwr yn gosod saig o gig dafad uwchben yr injian i'w goginio ar y ffordd!

Wrth i'r trên duchan o Esquel mae yna lot o ganu corn a chwythu aer a mwg. Rhesi o blant yn codi llaw wrth inni basio.

Lepa:
Yn yr hen ddyddiau byddai dau ddyn ar gefn ceffyl yn canlyn y trên gydag un yn mynd i chwilio am help pan fyddai'n torri. Heddiw, dau ddyn mewn picyp gwyn sydd yna – yn cyrraedd pob stesion cyn y trên!

Cyn gadael Lepa trodd y gyrrwr y cig – i'r ochr arall gael coginio.

Mae pryd mwy traddodiadol o Empanadas yn y car bwyta lle mae'r deuddeg o wragedd llawn o ysbryd gwyliau heb na Chymraeg na Saesneg yn mynnu tynnu sgwrs efo Cymro heb bill o Sbaeneg a chwarae gêm o Trwco.

Leleque:
Mae'r cig yn barod i'w fwyta – gyda gwin yn syth o'r botel i'w olchi tra bo teithwyr yn 'stwytho'u coesau.

Heb iaith gyffredin – ar wahân i chwerwedd melys y *maté* a'r cusanau cyfarch wrth gyfnewid enwau – daeth y merched hwyliog a'r Cymro unig mewn gwlad ddieithr yn ffrindiau calon.

Tybed ydyn hwythau hefyd wrth edrych yn eu halbyms yn holi'u hunain, 'Pwy goblyn oedd o tybed?'

Mae'r ffarwelio a'r anwesu a'r codi dwylo yn awr yn dwymgalon wrth inni wahanu – y nhw yn parhau â'u taith a minnau i'm cludo gan y picyp gwyn i ddal bws yn ôl i Esquel. Taith o 'chydig dros awr o gymharu ag oriau'r trên.

Ond does yna ddim merched hwyliog na *maté* na chwerthin a thynnu coes ar fws . . . Na darn o gig i'r dreifar dros yr injan. Mae ei sangwijis o yn sychu yn y gwres wrth ochr y sied – a sŵn corn La Trochita a'r chwerthin hwyliog yn hongian fel niwl dros y paith.

Diolch, Glyn

Edward Morus Jones

Addasiad o'r deyrnged a roddodd yn angladd Glyn

Diolch o galon i chi, Catrin, Bethan a Dyfan, am ymddiried i mi y munudau dwys a gwerthfawr yma i gofio a diolch am fywyd Dad. Yn naturiol, ac yn y lle cyntaf, rwyf am fynegi cydymdeimlad dwys efo chi, ei deulu, i gyd yn eich colled drom a'ch cof am un oedd mor, mor annwyl i chi.

Dwi ddim yn bwriadu ailadrodd geiriau sydd wedi eu cofnodi'n deilwng eisoes yn y wasg – y rhai hynny sydd wedi sôn, yn bennaf, am Glyn fel newyddiadurwr praff, golygydd dygn, creadigol a chydweithiwr a adawodd argraff fawr ar bawb a'i hadnabu.

Soniaf yma am y Glyn y cefais i'r fraint o fod yn ei gwmni a chydweithio llawer ag ef yn ystod y blynyddoedd diwethaf. Ysywaeth roedd y cysylltiad rhyngddo fo a Gwyneth, fy niweddar wraig, a minnau yn mynd yn ôl ymhell.

Hogyn bach direidus
Yng nghyfnod diwedd yr Ail Ryfel Byd, ym 1944, ganwyd ym Mangor fab i Thomas ac Annie Evans. Roedd Glyn wedi cyrraedd.

Ymsefydlodd y teulu ym Mhen-bonc, Llandegfan, yn yr union ardal a fu'n gartref i minnau ers ymhell dros ddeng mlynedd ar hugain bellach. Er bod yma dref fechan heddiw, ardal wledig iawn, denau ei phoblogaeth oedd hi pan dyfai Glyn i fyny yno. I Ysgol Gynradd Llandegfan yr aeth ac yno, mae'n debyg, y gwelwyd gyntaf ei hoffter o dynnu coes a direidi. Clywyd sôn am yfed inc, rhoi inc yn sgidiau cyd-ddisgyblion neu glymu drws dau ddosbarth wrth ei gilydd . . . a diflannu! Byddai Glyn yn pwffian chwerthin efo fo'i hun wrth gofio'r digwyddiadau hyn. Diddorol i ni, amryw o'i ffrindiau, oedd sylweddoli mor bwysig y bu inc yn ei fywyd byth ers hynny.

Ysgol fawr

O'r ysgol gynradd aeth Glyn i Ysgol Ramadeg David Hughes, eto ym Miwmares. Casglwn fod marw ei dad wedi effeithio llawer arno. Nid oedd ond 14 oed ar y pryd. Bu'n ofalus iawn ac yn gefn i'w fam drwy'r blynyddoedd a ddilynodd, a chafodd Mrs Evans fyw am bron i ddeugain mlynedd arall, cyn ei marw ym 1995.

Cofia un, oedd yn yr un dosbarth ag ef yn Ysgol David Hughes, am Glyn fel un cystadleuol ac anodd ei guro pan geid cystadlaethau llenyddol yn yr ysgol. Roedd o'n un peryglus iawn, yn arbennig am stori fer, erthygl ac ati.

Bu tipyn o dynnu coes pan ddaeth y Dywysoges Margaret i agoriad swyddogol yr Ysgol David Hughes newydd ym Mhorthaethwy, yn nechrau'r 60au. Glyn, fel un o brif ddisgyblion yr ysgol, oedd un o'r rhai agosaf ati yn y lluniau!

Ym 1963 enillodd le i astudio'r Gymraeg yng Ngholeg Prifysgol Cymru, Caerdydd. Roedd Gwyneth, a ddaeth wedyn yn wraig i mi, yn yr un grŵp â Glyn, ac er nad arhosodd ef yno'n hwy na blwyddyn, cadwodd gysylltiad â hi, gan edmygu yr hyn yr oedd hi yn ei gyflawni, a Gwyneth yn ei thro yn edmygydd cyson o'i ddawn greadigol, newyddiadurol ac yna, yn arbennig efallai yn ddiweddarach, ei farddoniaeth yntau.

Cyfarfod Sandy

Wedi gadael y coleg a dychwelyd i'r Gogledd, digwyddodd yr hyn a newidiodd gwrs bywyd Glyn. Yr haf oedd hi, yntau a dau neu dri o fechgyn, hogia Môn, wedi mynd am ryw wyliau 'mhell o fod yn sidêt' yn y Werddon! Gwyliau carafán a cheffyl oedd hwn mae'n debyg. Cyn hir cawsant eu hunain yn agos i griw o ferched ifanc – tipyn mwy sidêt na'r hogia. Deallwn erbyn hyn mai o rai o ardaloedd strydoedd deiliog Cilgwri, y 'Wirral', y deuai'r rhain.

Rydych chi, Catrin a Bethan, yn gwenu wrth gofio sut roedd un o'r merched yn bendant yn erbyn cyfeillachu efo'r hogia 'ma o Gymru, tra oedd un arall wedi gweld rhywbeth a wnaeth Glyn yn berffaith yn ei golwg hi! Sandra White oedd enw'r olaf, ac mae'r gweddill yn hanes.

Priodwyd Sandra a Glyn ym 1968. Gyda llaw, yr un a geisiai gadw'r merched oddi wrth yr hogia garw oedd Anti Marilyn, chwaer Sandra.

Priodas hapus

Priodas arbennig o hapus. Sandra yn mynd yn Sandy . . . ac yn dysgu Cymraeg yn rhugl . . . a Catrin, Bethan a Dyfan yn eu tro yn dod i gwblhau'r teulu rhwng 1970 a 1975.

Roedd ei deulu'n golygu popeth i'r Glyn hapus a direidus a'r plant yn gannwyll ei lygad. Byddai'n giamstar am ddarllen stori, yn actio pob cymeriad yn ei lais unigryw ei hun, a chael cynulleidfa oedd yn gwerthfawrogi ei ymdrechion. Soniodd Bethan wrtho y dymunai iddo ddarllen stori i'w Gwenan hi heddiw, yn union fel yr arferai wneud iddyn nhw ill tri flynyddoedd ynghynt. Parhaodd Glyn i neilltuo amser i fod efo'r pump o wyrion bach eraill sef Courtney, Kayla, Hywel, Yasmin a Cara.

Colli Sandy

Byw am gyfnod yng Nghroesoswallt ac yna yn y Waun, cyn symud ymhen rhai blynyddoedd i weithio ar bapurau'r *Herald* yng Nghaernarfon a byw ym Mhenisa'r-waun. Bu'r cyfnod hwn yn un braf, cyn i iechyd Sandy druan ddirywio. Yn y man gwelodd Glyn a hithau fanteision bod o fewn cyrraedd i'r Uned Gancr yn Nyffryn Clwyd ac i'w waith yntau fel Golygydd newydd *Y Cymro* yn yr Wyddgrug. Sandy gafodd ddewis y tŷ, yn y Dell ym Mhrestatyn ond, gwaetha'r modd, collodd y dydd yn ifanc ym 1989 cyn cael byw ynddo.

Mae'n destun edmygedd i bawb ohonom fel yr ymwrolodd Glyn a magu'r plant ei hun, a rhannu ei gariad a'i ofal mor ofalus efo Catrin, Bethan a Dyfan ifanc, gan roi cychwyn da a chadarn i'r tri.

BBC Cymru a'r *Enfys*

Gadael *Y Cymro*, a threulio cyfnod yn y Wladfa ym Mhatagonia cyn dechrau pennod newydd yn ei fywyd. Am flynyddoedd bu Glyn yn teithio i Fangor yn blygeiniol bob dydd i gynnal y graen ar ei adolygiadau o lyfrau a materion celfyddydol i wasanaeth ar-lein BBC Cymru.

A minnau'n Gadeirydd Undeb Cymru a'r Byd llwyddais, trwy help Gwyn, cyfaill arall i ni ein dau, i'w ddenu i olygu ein cylchgrawn dwyieithog, *Yr Enfys*. Gwnaeth hynny gyda graen gan fwynhau'r her, a hynny am bron i ddeng mlynedd a'i fedr yn cael ei werthfawrogi dros y byd. Dangosodd ei ddawn i ysgrifennu'n goeth a difyr yn y Saesneg. Gweithiai'n gyflym gan

50

ddylunio pob tudalen ei hun. Deuai'r *Enfys* ag ef a minnau i gyswllt cyson.

Y cyfarfod olaf

Trafod mynd i ardal Llanelli i dynnu lluniau y buon ni olaf un chydig dros bythefnos yn ôl. Roedd hynny i fod yfory a Glyn yn dal i ymgolli yn, am wn i, ei brif hobi sef ffotograffiaeth.

Trwy gyfarfod yn aml, cryfhaodd ein cyfeillgarwch a phan fu fy ngwraig innau – ac edmygydd Glyn – farw o'r un cancr dieflig ag a ddygodd ei Sandy annwyl ef, roeddem yn deall ein gilydd yn ddyfnach byth. Yr oeddem wedi mynd drwy'r un golled ysgytwol.

Ffarwél

Terfynaf drwy sôn am ei ofal a'i barch rhyfeddol at deulu Sandy. Mynd i'r Alban at fedd Sandy oedd y peth olaf a fynnai. Bydd eu llwch gyda'i gilydd cyn pen dim.

Heddiw ffarweliwn â newyddiadurwr onest – yr hen deip, un plaen, di-flewyn-ar-dafod yn meddu ar lawer o hiwmor – a ffrind.

Mi fase'n deud, 'Digon rŵan . . . i ni gâl mynd!' Rhaid ufudd-hau.

Bydd y bwlch yn fawr. Diolch am gael dy adnabod di, Glyn.

Pwyso a mesur

'Dad?'
Meddai'r fechan.
'Faint mae mynydd yn 'i bwyso?'

'Aaah,' meddai Dad.
'Efo'r coed,
ta heb
y coed?'

Achos dydi o
ddim yn gwybod.

— *Glyn Evans, o'r gyfrol* Y Print Mân,
Cyhoeddiadau Barddas

Dad

Bethan (Catrin a Dyfan)

Mynd am dro, picnics, dyddiau allan, darllen straeon, pysgota, hwyl a thynnu coes; dyna oedd pethe Dad erioed a dyna ydan ni'n tri yn ei gofio heddiw, y dyddiau da rheini.

Ers yn ddim o bethau byddai'n ein taflu i'r awyr, yn chwarae cwffio ac yn gwneud inni chwerthin.

Doedd yr un o'r tri ohonom yn siŵr iawn beth oedd ei waith ers talwm gan y byddai'n dweud yn aml iddo fod yn un o'r Commandos, yn enwedig pan oedd rhaid iddo ddweud y drefn, a byddai'r tri ohonom yn credu gyda llygaid mawrion ac yn gwrando ar ei straeon gwneud o'i gyfnod yn gweithredu fel un o'r fyddin. Dwi ddim yn siŵr iawn pryd ddaeth y tri ohonom i wirioneddol sylweddoli na fuodd Dad erioed yn y Commandos go wir.

Rhyw olygfeydd yma a thraw sydd gyda ni o'r dyddiau hapus hynny ym Mhenisa'r-waun. Ond mi rydan ni'n cofio eu bod nhw'n ddyddiau da, dyddiau hapus a dyddiau cynnes iawn. Ac mae ein hatgofion plentyndod ni i gyd yn rhai arbennig.

Roedd gyda ni bopeth ym Mhenisa'r-waun ac roedd y lle yn debyg i ryw ffarm fach ddof, *smallholding* fyddai pobl posh yn ei ddweud heddiw am ein cartref ni. Roedd gyda ni bob math o anifeiliaid, dwy afr, Sibil a Sara, ond hefyd roedd 'na un ddafad wyllt, y maharen, a byddai rhywun yn ei chlywed yn dod o bell, a byddai gyda ni ychydig o ofn y maharen yma. Ond byddai gan Dad ryw fath o reolaeth drosti, weithiau!

Roedd Dad a Mam bob amser yn brysur ac yn dysgu ffyrdd hunangynhaliol i ni, yn plannu pob math o lysiau yn yr ardd, yn hel ffrwythau i wneud jam, gwinoedd ac i goginio a hefyd yn datblygu lluniau mewn ystafell dywyll yn y tŷ.

Mae yna lwythi o luniau ohonon ni'n blant bach wedi eu prosesu mewn du a gwyn, ac mae 'na rywbeth eithaf arbennig mewn meddwl mai Dad a Mam sydd wedi bod yn gyfrifol am eu tynnu nhw a'u prosesu.

Er y prysurdeb roedd digon o amser i wneud pethau gwahanol gyda ni, mae Dyfan yn cofio mynd am dro yn aml yng nghwmni Dad ac yn dweud bod ganddo ddawn anhygoel i ddysgu plentyn mewn ffordd ddiddorol bob amser. Byddai'r ddau yn mynd i bysgota a threulio oriau ger y dŵr ym Mhenmon. Ac yna taith feics yr holl ffordd i Pili Palas. Roedd y beic yn rhan bwysig o fywyd Dad erioed ac yn aml fe fyddem yn siarad amdano yn mynd ar ei feic gwta wythnos cyn iddo farw.

Roedd yn gwybod pob dim am bob peth ac yn blant bach byddai'n ein hanfon o amgylch y tŷ i hel gwahanol fathau o ffrwythau, o fwyar duon i eirin o'r caeau cyfagos er mwyn i Mam ac yntau fynd ati i wneud gwahanol fathau o jam a gwinoedd.

Mae Catrin yn cofio iddi ddod adre ryw ddiwrnod a dweud bod 'na eirin Mair anferth yn yr ardd drws nesa, gardd pobl ddieithr, gardd pobl oedd yn siarad Saesneg yn unig. A dyma Dad yn deud, 'Wel cer i nôl nhw 'te, a phaid â chael dy ddal.' Byddai Mam yn dweud y drefn ond byddai Dad yn gwenu'n braf.

Byddai'n ein gorfodi hefyd i dorri cytings o erddi pobl eraill er mwyn eu plannu yn yr ardd. Roedd yn deud na fyddai'n edrych mor ddrwg os oedd plentyn yn cael ei dal yn gneud y weithred.

Roedd ei ardd yn werth ei gweld a byddai'n ymddiddori yn fawr mewn byd natur, blodau a llysiau.

Dwi'n cofio bod Mam yn fodern iawn ei ffordd ac yn mwynhau'r gerddoriaeth oedd yn y siartiau tra bod Dad yn fwy clasurol a hen ffasiwn ei ffordd ac yn mwynhau *jazz* a Frank Sinatra.

Roedd Dad yn ddyn barbeciw a dwi'n cofio pan oedd y glowyr yn streicio yn ne Cymru, hogyn ifanc, Melfyn, yn dod i aros gyda ni, roedd 'na griw yn aros yn nhai pobl wahanol, a dwi'n cofio Dad yn gwneud barbeciw yn y ddaear gyda brics a rac a glo ar y gwaelod. Noson arbennig iawn a chymeriad croesawgar Dad ar ei orau.

Daeth barbeciw yn beth poblogaidd wrth inni fynd yn hŷn hefyd a byddai Dad wrth ei fodd yn ein gwahodd ni draw i fwynhau pryd yn yr ardd neu'n dod i'n tai ni i gael barbeciw.

Roedd symud o Benisa'r-waun yn dro ar fyd i bob un ohonom, ac roedd colli Mam ym Mhrestatyn yn glec anferth. A dwi ddim yn meddwl i Dad erioed ddod dros golli Mam o ddifrif ond iddo fod yn gryf a chadarn er ein mwyn ni.

Fe gymerodd rôl mam a thad yn naturiol a byddai yn ein helpu gyda gwaith cartref a hefyd yn barod ei gyngor inni bob amser. Dywedodd Dyfan y byddai'n ymweld â Dad gyda'r byd ar ei ysgwyddau weithiau, ond bob tro y byddai'n mynd oddi yno byddai'r baich yn ysgafnach a geiriau Dad wedi gwneud iddo deimlo'n well. 'Deud dim 'di'r gore, gad o fynd dros dy ben di,' fyddai ei gyngor os oedd rhywbeth yn digwydd yn yr ysgol.

Byddai yno wahoddiad bob wythnos i dŷ Dad i gael cinio dydd Sul. Roedd wrth ei fodd yn paratoi gwledd o gig oen, cig eidion neu gig mochyn a byddai'r *crackling* mor flasus, doedd 'na fyth gig yn wastraff ar blât neb.

Llyfrau a phapurau newydd oedd pethau Dad, a phur anaml

y byddai'r teledu i'w weld ymlaen. Ond byddai llyfrau i'w gweld ym mhobman, a phapurau newydd yn glystyrau hyd y tŷ i gyd. Ychydig iawn a wyddwn i faint o waith oedd Dad yn ei wneud yn y wasg Gymraeg. Ni fyddai byth yn ymfalchïo yn ei lwyddiant ei hun; ynom ni y byddai ei ddiddordeb bob amser.

Yn godwr bore heb ei ail, mae nifer wedi sôn am Dad wrth ddesg y gwaith cyn chwech yn y bore, ond roedd hi'n beryg bywyd rhoi amser i Dad os oeddem am gychwyn i rywle. Unwaith dwi'n cofio dweud wrtho ein bod am gychwyn o tŷ ni am naw y bore – roedd Dad acw chwarter wedi wyth! A ninnau ddim hanner parod!

Byddwn i bob amser yn ceisio cael dreifio os oedden ni am fynd i rywle. Fuoch chi erioed mewn car gyda Dad? Nid oedd Dad yn ddreifar arbennig. Cofiwch, roedd Dad yn barod i yrru i unrhyw le, doedd ganddo ddim ofn tu ôl i lyw'r car ond dylai gyrwyr eraill fod wedi bod ofn. Roedd Dad yn gallu rhoi ei droed i lawr yn eithaf eger! Ac roedd Catrin bob amser yn mynd i eistedd i'r cefn a finnau yn mynd i'r tu blaen. O fewn dim wedi i Dad gychwyn gyrru i lawr y ffordd byddai Catrin yn dechrau chwerthin yn y sêt gefn, ac o fewn dim byddwn innau yn dechrau arni hefyd. Ac mi fyddai Dad yn dweud mewn llais bach, 'Tisio cerdded, Bethan?'

Yn aml iawn byddem yn mynd i Gaernarfon i weld Catrin, dydi Catrin ddim yr *hostess* orau ac ar y ffordd yno byddai Dad yn dweud wrth chwerthin, 'Ti'n meddwl cawn ni wbeth i fwyta?' Ond byddai Dad wrth ei fodd yn mynd allan i wledda a dyna fyddai ein hanes yno, mwynhau prydau allan, mwynhau cwmni ein gilydd.

Roedd Dad bob amser yn tynnu coes, ac yn barod ei hiwmor.

Ychydig flynyddoedd yn ôl roedd ganddo barot, ac roedd Dad wedi dysgu'r parot i ddweud pob math o eiriau na ddylai fo ddim, doedd y parot ddim ffit, ond roedd Dad wrth ei fodd yn clywed y deryn yn adrodd yn ôl. Dw i'n gobeithio na chafodd neb glywed geiriau'r parot ym Mhrestatyn!

Doedd Dad ddim yn lecio llawer iawn o ffŷs, ac roedd yn gymeriad tawel oedd yn lecio bod yn y cefndir. Pobl oedd yn bwysig i Dad, dim statws. Roedd ganddo ddiddordeb mewn pobl, diddordeb ynom ni, roedd yn mwynhau cwmni eraill ond hefyd yn mwynhau ei gwmni ei hun.

Diolch, Dad.

Cyfoeth

Nes i rywun
    dorri i mewn
    a mynd â'r cyfan,
wyddwn i ddim
    fod yna unrhyw beth gwerth ei ddwyn
    yn tŷ ni.

— Glyn Evans, o'r gyfrol Y Print Mân,
Cyhoeddiadau Barddas

7

Garddwr pobl a phlanhigion

Lois Eckley

Glyn roddodd fy swydd gyntaf i mi ugain mlynedd yn ôl, ac mae fy nyled iddo yn enfawr.

Doedd gen i ddim llawer o glem wrth adael y coleg a dechrau ar yrfa gyda'r *Cymro*. Ond wrth weithio ar bapur sydd yn agos at galonnau nifer fawr o bobl, fe roddodd Glyn gyfle i mi fod yn rhan o rywbeth arbennig. Fe ddes i yn aelod o dîm bach a gweithgar mewn hafan yn yr Wyddgrug gyda Glyn wrth ei ddesg ben bore cyn i neb arall ymddangos.

Roedd y misoedd cyntaf yn galed, fe ges i fy lluchio i'r pen dwfn go iawn. 'Dos i holi y tu allan i'r llys,' medde fo ac fe fyddwn i'n cael fy hel allan hefo pen a phapur i ddechrau meithrin fy nhrwyn am stori.

Bòs trylwyr oedd Glyn yn gosod nodyn o fwriad ar 'post it' ar ffenest fy nghyfrifiadur i bob dydd er ei fod o'n eistedd gyferbyn. Roedd o wedi deall yn iawn na fyddai trafodaeth hir yn help i ferch ansicr yn ystod y misoedd cyntaf ac mai cic allan o'r swyddfa oedd orau er mwyn gwneud y gwaith caib a rhaw. Roedd o'n darllen ei bobl yn dda.

Dros y misoedd oedd i ddilyn mi ddechreuais i weld sawl haen i'r Golygydd cydwybodol, yn hen ben yn llawn gwybodaeth, llygaid craff na fyddai'n colli dim o dan ei sbectol. Roedd o fel rhyw Siôn Corn o newyddiadurwr fyddai'n mwytho ei farf ambell dro tra'n ddwfn yn ei feddyliau wrth ei ddesg.

Fe gariodd sawl baich yn dawel bach fel Golygydd *Y Cymro*, yn wynebu brwydrau preifat yn y gwaith am ddyfodol yr wythnosolyn heb wneud bywyd yn anodd i neb arall yn y tîm.

Yn ddyn caredig, mi ddaeth i fy achub un bore pan ges i olwyn fflat rhwng Caernarfon a'r Wyddgrug ar y ffordd i'r gwaith. 'Lle dach chi?' ac o fewn chwinciad roedd o yno ar ei bengliniau'n sortio'r olwyn sbâr.

Mi ges i hedfan mewn awyren fach i gael sgwennu am y profiad, a chyfweld â sawl unigolyn rhyfeddol a rhyfeddu at y pŵer sydd yn straeon pobl.

Yn Glyn mi gefais i arweiniad gofalgar a hynny yn parhau ar ôl i mi adael ei ofalaeth yn y swyddfa. Mi roddodd sawl gair da ar fy rhan gan agor sawl drws i mi ar hyd y ffordd, ac rwy'n un o lawer sydd wedi elwa wrth dreulio amser yn ei feithrinfa newyddiadurol.

Yn ei angladd fe glywais am ei hoffter o arddio, ac fe drawodd hynny fi yn fwy na dim; meddwl amdano'n tendio ei blanhigion yn yr ardd yn amyneddgar ac yn aros am yr amser cywir i dynnu'r tatws o'r pridd.

Garddwr gwirioneddol oedd Glyn, ar bobl ac ar blanhigion. Roedd o'n gwerthfawrogi'r gwirionedd plaen, yn ddyn y pridd a phobl y pridd.

Dad, y Cogydd a'r Garddwr

Catrin, Bethan a Dyfan

Roedd Dad yn ffrindiau mawr gyda'r cigydd lleol ym Mhrestatyn, a hynny gan y byddai'n ymwelydd cyson â'r siop, yno byddai'n prynu ei gig i gyd. Roedd y ddau yn deall ei gilydd i'r dim, a byddai'n jôc rhynddynt bod Dad eisiau tamed mwy o fraster ar ei gig, gan mai dyna fyddai'n rhoi blas i'r prydau bwyd.

Yn wir, roedd ei ddoniau yn y gegin yn mynd 'nôl i'r dyddiau cynnar ym Mhenisa'r-waun. Dwi'n cofio Mam ac yntau yn tyfu pob math o lysiau er mwyn eu gweini gyda gwahanol gigoedd ar y bwrdd, yn casglu ffrwythau i wneud jam, gwin a theisennau, a chadw gwyddau a ieir a fyddai hefyd yn cyrraedd y bwrdd os oedden ni wedi cael hwyl ar y pluo y flwyddyn honno.

Roedd Dad yn credu'n gryf mewn tyfu ein llysiau ein hunain ac roedd yn parhau i dyfu llysiau ym Mhrestatyn. Ychydig wythnosau cyn iddo farw roedd wedi bod wrthi'n plannu tatws yn yr ardd gyda Dyfan.

Bu hefyd yn tyfu tomatos a chiwcymbars a byddai'r plant yn gwirioni bod Taid yn gallu tyfu'r fath lysiau.

Bu'n meistroli'r grefft o goginio wrth inni dyfu'n hŷn, gan baratoi pob math o fwydydd ar ein cyfer, o ginio dydd Sul i gacennau. Roedd wrth ei fodd yn y gegin ac yn dipyn o *chef*.

Ar wahân i ginio dydd Sul, roedd hefyd yn giamstar ar brydau eithaf gwahanol fel *spaghetti bolognese* a *chilli* a phob un ohonom eisiau gwybod sut oedd o'n mynd ati i wneud grefi mor flasus.

Yn anrheg Nadolig un flwyddyn yn ddiweddar bu inni brynu peiriant gwneud bara iddo ac roedd wrth ei fodd yn arbrofi a gwneud pob math o wahanol fara a roliau.

O ble ddaeth yr amser i baratoi, dwn i ddim, ond byddai Dad yn paratoi pob math o dartenni, o afalau i riwbob a llond bowlen o bwdin reis hefyd.

Jaffa Cakes a phwdin reis

Ioan Roberts

'Wyt ti'n dal i roi *jaffa cakes* yn dy bwdin reis?'

Dyna'r cwestiwn a ofynnodd Glyn i mi ar faes yr Eisteddfod Genedlaethol yn Ninbych y llynedd. Doeddwn i, na neb arall mae'n siŵr heblaw Glyn, yn cofio dim am yr arferiad di-chwaeth oedd yn achosi diddanwch i'm cydweithwyr yng nghantîn Woodall's Newspapers ers talwm. Un o'i fanteision fel sgwennwr oedd llygad i sylwi ar fân gastiau'r hil ddynol, a chof i'w storio ar gyfer eu hailgylchu yn ôl y galw.

Yn yr Hand and Diamond y cyfarfu'r ddau ohonom gyntaf. Mae honno yn y canol rhwng y Trallwng, Amwythig a Chroesoswallt, tir neb ar y ffin nad yw'n perthyn yn daclus i Gymru na Lloegr. Yn y chwedegau daeth yr Hand yn gyrchfan bob nos Fawrth i Gymry oedd yn byw a gweithio o fewn cyrraedd. Yn eu plith roedd rhai o staff *Y Cymro* yng Nghroesoswallt, gan gynnwys Gwyn Griffiths, Ifan Roberts, Wil Owen a Glyn Evans. Gwrando ar straeon y criw hwnnw am y bywyd newyddiadurol a wnaeth i minnau sylweddoli fod yna ffyrdd difyrrach o ennill bywoliaeth na gofalu am system garthffosiaeth Cyngor Bwrdeistref Amwythig. Ar ôl i Gwyn Griffiths, fel Ifan Roberts o'i flaen, symud i borfeydd brasach y byd darlledu, cymerais innau ei le yn swyddfa'r *Cymro*, lle bu Glyn a finnau'n wynebu'n gilydd dros ein desgiau am ryw bum mlynedd ddifyr.

Roedd *Y Cymro* yn un o blith nifer o bapurau newydd oedd yn cael eu hargraffu mewn hen adeilad mawr Fictoraidd yng nghanol Croesoswallt. Goruwchystafell ddigon cyfyng oedd y swyddfa lle byddai Llion Griffiths, Wil Owen, Glyn a finnau yn ymlafnio i lenwi'r tudalennau bob wythnos, gyda Lyn Ebenezer yn ein bwydo â straeon o Aberystwyth a Geoff Charles ac eraill yn darparu lluniau. Dysgu'r grefft newyddiadurol wrth fynd ymlaen oedd ein hanes i gyd, ar ôl cefnu ar yrfaoedd eraill. Gwas sifil oedd Glyn cyn i Llion, y Golygydd, ei gyflogi. Mae'n anodd dychmygu unigolyn mor wreiddiol ac annibynnol â Glyn yn cydymffurfio â biwrocratiaeth gwasanaethu'r Goron, a does fawr o ryfedd nad arhosodd yno'n hir. Daeth o hyd i'w wir alwedigaeth yn ystod y cyfnod hwnnw yng Nghroesoswallt.

Wrth i nifer o'r hen gydweithwyr gyfarfod yn angladd Llion yn y Bala yn Hydref 2013, roeddem i gyd yn gytûn mai'r cyfnod hwnnw yng Nghroesoswallt oedd ein blynyddoedd hapusaf o ran gwaith, a bod llawer o'r diolch am hynny i Llion. Wrth sôn amdano mewn e-bost ataf bryd hynny ysgrifennodd Glyn:

> Yr oedd ganddo ddawn arbennig i uno ac ennyn cydweithrediad staff a hynny trwy fod yn ddigon doeth i roi digon o benrhyddid ar y naill law ond yn ffrwyno hefyd pan fyddai brwdfrydedd a byrbwylltra yn drech na rheswm. Yn ystod ein cyfnod ni creodd dîm hynod o ffyddlon, gweithgar a hapus a oedd yn rhan o holl weithgarwch y papur. Yr oedd yn gyfnod pan na chelwyd dim rhagddom.

Roedd 'penrhyddid' Llion yn cynnwys annog pawb i ddatblygu pa ddiddordebau a thalentau bynnag oedd ganddyn nhw, ac yn achos Glyn roedd hynny'n cynnwys doniau llenyddol. Ar gyfer rhifynnau arbennig y Nadolig neu'r Eisteddfod byddai'n cael cennad i sgwennu stori fer. Wrth eu cyfansoddi byddai yn ei fyd ei hun, yn colbio'i deipiadur efo dau fys gan chwythu cymylau o fwg sigarét i'm cyfeiriad i. Doedd gan neb ohonon ni'r cydweithwyr syniad i ble'r oedd ei ddychymyg yn ei arwain, nes cael golwg dros ei ysgwydd ar ôl iddo orffen. Roedd wedi bod yn llunio straeon byrion ers ei ddyddiau ysgol, a doedd hi ddim yn syndod i'w ffrindiau pan ymddangosodd ei gyfrol ryfeddol *Jyst Jason* flynyddoedd wedyn.

Byddai strydoedd Croesoswallt yn frith o dafodiaith Sir Drefaldwyn a Sir Ddinbych bob diwrnod marchnad, ond roedd yn dal yn syndod i lawer fod y papur cenedlaethol Cymraeg yn cael ei gynhyrchu yn Lloegr. O fewn adeilad cwmni Woodalls, a newidiodd ei enw i North Wales Newspapers, roedd dau fyd gwahanol yn cyd-fodoli. Yn swyddfa'r *Cymro* roedden ni mewn geto Cymraeg, tra oedd y gweithdy yn ddwndwr o leisiau Saesneg yn cystadlu â sŵn peiriannau. Roedd gweithwyr argraffu'r cyfnod hwnnw yn frid annibynnol ac anystywallt, oedd wedi gwneud prentisiaeth hir i ddysgu sgiliau'r dull metel poeth, ac yn ymwybodol iawn o'u grym undebol. Dim ond un neu ddau o'r cysodwyr oedd yn siarad Cymraeg, a rhyfeddod i mi oedd bod y gweddill yn medru gweithio'n weddol gywir mewn iaith ddieithr. Byddai Glyn yn ei elfen yng nghanol y bwrlwm, ac yr un mor gartrefol yn cellwair efo Bernie a Bryn, Charlie a Jock, ag a fyddai yn holi prifardd neu gyhoeddwr am eu cyfrol nesaf.

Ar y diwrnod y byddai'r *Cymro*'n mynd i'w wely byddai Glyn fel arfer yn sefyll wrth benelin y gweithiwr oedd yn paratoi'r dudalen derfynol ar gyfer y wasg. 'Mynd ar y garreg' oedd y term technegol am y gorchwyl hwnnw, y cyfle olaf i sicrhau fod popeth yn ffitio i'r dudalen, a phob cywiriad i'r broflen wedi ei wneud. Yn aml byddai Glyn yn cyrraedd yn ôl o'r gweithdy i'r swyddfa â gwên lydan ar ei wyneb ar ôl gwrando ar ffraethineb ei gydweithiwr.

Mae gen i gof amdano'n adrodd unwaith am y drafferth a gafodd i esbonio i Charlie fod angen ailosod ebychnod oedd wedi mynd ar goll o un o'r penawdau. Doedd *exclamation mark* yn golygu dim i Charlie, ac ofer oedd ymdrech Glyn i'w ddisgrifio mewn geiriau. Yn y diwedd bu raid iddo dynnu llun y symbol diflanedig efo papur a phensel.

'Oh, that one!' meddai Charlie. 'You mean a dog's dick!'

Ers ei farw fe ddatgelwyd i'r byd mai Glyn oedd awdur y golofn glecs dan yr enw Sgriblwr, ac ambell golofn o'r un anian dan enwau eraill dros y blynyddoedd. Byddai'r Sgriblwr yn mynd dros ben llestri yn aml yng ngolwg darllenwyr fel fy mam, ond does dim dwywaith nad at y golofn ddifyr ac amharchus honno y byddai llawer o ddarllenwyr yn troi gyntaf wrth agor y papur. Ers ei farw gellir dychmygu ambell un a ddaeth dan ei lach yn mynegi syndod wrth glywed wedi'r holl flynyddoedd mai dyn mor hynaws â Glyn oedd y cnaf fu'n eu cystwyo.

Chafodd Sgriblwr erioed, hyd y cofiaf, ei ddyfarnu'n euog o enllib, ond bu'n agos at y dibyn droeon. Daeth llythyr twrnai unwaith ar ran diddanwr adnabyddus, yn sgil rhyw sylw gwamal am ei ran mewn pantomeim seiliedig ar chwedl Cantre'r Gwaelod. Roedd y darn a dramgwyddodd yn dechrau gyda'r geiriau

> O dan y môr a'i donnau
> Mae llawer dinas dlos
> Fu'n gwrando ar y pysgod
> Yn ffrio gyda'r nos.

Cwmni o Lundain oedd cyfreithwyr enllib Woodalls, ac ar adegau fel hyn byddai raid i staff *Y Cymro* gyfieithu'r eitem dan sylw i

Saesneg ar eu cyfer. Does wybod beth a feddyliai'r twrneiod am *Y Cymro* wrth ddarllen y geiriau: 'Beneath the sea and its waves there are several fair cities that have been listening to the fish frying by night.' Beth bynnag am hynny fe dawelodd y storm a bu'r Sgriblwr yn dal i gythruddo a diddanu am rai blynyddoedd wedyn.

I ddyn oedd yn mynd drwy gymaint o waith ac ar y fath wib â Glyn, roedd ambell gam gwag yn anochel. Digwyddodd un o'r rheini, nid ar dudalennau'r *Cymro* ond yn ei chwaer bapur, y *Denbigh Free Press*. Byddai rhai o bapurau Saesneg y cwmni'n cynnwys rhywfaint o ddefnydd Cymraeg yn eu colofnau newyddion lleol. Ond doedd gan y papurau hynny ddim is-olygyddion oedd yn siarad Cymraeg, i gywiro ac ystwytho'r iaith yn ôl yr angen. Yr ateb oedd talu ceiniog neu ddwy i Glyn ar ben ei gyflog gan *Y Cymro* am wneud y gwaith hwnnw. Un cyfarwyddyd a gafodd gan bennaeth yr adran is-olygu, Gwyn Jones, oedd symleiddio iaith flodeuog rhai o'r colofnwyr lleol. Enghraifft arbennig o hynny oedd eu harfer o ddweud fod hwn a hwn neu hon a hon wedi 'huno' neu 'ffarwelio' neu 'ymadael â'r fuchedd hon', yn hytrach nag wedi marw.

Un diwrnod roedd Glyn a minnau wedi teithio i hel straeon yn fy nghar i, gan alw yn nhŷ awdur o'r enw John Edwards yr oedd Glyn eisiau ei gyfweld. Roedd Mr Edwards, a gyfieithodd weithiau o'r Almaeneg i'r Gymraeg, yn rhannu'i flwyddyn rhwng hafod a hendref: treulio'r haf mewn bwthyn yn y bryniau uwchben Dyffryn Clwyd, a'r gaeaf yn nhŷ ei chwaer yn un o drefi glan môr y Gogledd.

Yn fuan wedi hynny, dyma Glyn yn dweud wrthyf fod John Edwards wedi marw. Roedd hynny'n syndod i mi, ac yntau'n edrych mor iach mor ddiweddar. 'Mae'n dweud yn y *Free Press*,' meddai Glyn.

Yr wythnos wedyn dyma Glyn yn dweud wrthyf nad oedd John Edwards wedi marw. 'Mae 'na gywiriad yn y *Free Press* yr wythnos yma,' meddai. Wrth inni ddyfalu sut y digwyddodd y camsyniad, dyma Glyn yn dechrau gwelwi. 'Tybed mai fi wnaeth?' meddai. Dechreuodd dyrchu drwy sach lle byddai fersiynau gwreiddiol y straeon yn cael eu cadw am hyn a hyn o amser. Geiriad y stori oedd 'Dychwelodd John Edwards i'w gartref ar y bryn.' Dim ond symud o'i hendref i'w hafod a wnaethai'r awdur. Roedd Glyn wedi rhoi pensel las trwy'r frawddeg a'i newid i 'Bu farw John Edwards.'

Ym mhorthladd Dulyn yn aros i ddal y fferi am adref yr oeddwn i un nos Sul yn Ebrill 2014 pan ganodd y ffôn yn fy mhoced. Rhywun o Radio Cymro oedd yno yn dweud fod Glyn wedi marw, a gofyn imi ddweud gair amdano fore drannoeth. Glyn, y bythol ifanc, fythol ddireidus – fedrwn i ddim credu'r peth. Ond y tro yma ddaeth neb i ddweud mai camgymeriad oedd y cyfan.

10

Glyn, y newyddiadurwr dygn, di-ildio

Gwyn Griffiths

Glyn Evans oedd y gweithiwr caletaf a mwyaf cynhyrchiol y deuthum ar ei draws erioed. Rwy'n ei gofio'n ymuno â staff *Y Cymro* yng Nghroesoswallt tua 1967 – creadur braidd yn swrth yn teipio nes bod gwreichion yn tasgu o'r hen Remington a mwg sigaréts yn gwmwl uwch ei ben. Ffatri gynhyrchu copi.

Swrth? Ddim ond yn allanol. Roedd ganddo drwyn am y digri a'r doniol. Pan fyddai rhifyn arbennig i'w gynhyrchu ar gyfer Steddfod neu Nadolig byddai'r Golygydd, Llion Griffiths, yn dod ato. 'Siawns am stori, Glyn? Tua mil o eiriau?'

Ebychiad hytrach yn flin oddi wrth Glyn a gyda rhywbeth a swniai'n debyg i ochenaid rhoddai bapur yn y teipiadur, y gwreichion yn tasgu a'r cwmwl mwg yn crynhoi ac ymhen rhyw dri chwarter awr byddai'r stori wedi'i gorffen. A honno'n wirioneddol ddoniol, un y byddem i gyd am ei darllen cyn ei hanfon at y cysodydd.

Beth ddaeth o'r straeon hynny, ys gwn i? Gwych o beth yw canfod bod rhai ohonynt yn y gyfrol hon. Bu sôn flynyddoedd yn ôl am eu cyhoeddi'n gyfrol ond ddigwyddodd hynny ddim, er i ni gael ei gyfrol *Jyst Jason* flynyddoedd yn ddiweddarach a chyfrol o farddoniaeth, *Y Print Mân*, cyfrol a sicrhaodd y wobr yn Eisteddfod Cenedlaethol Llanelli 2000 am y casgliad gorau o gerddi heb eu cyhoeddi o'r blaen. Rwy'n ei gofio, yn falch a swil yr un pryd, yn dangos y llythyr oddi wrth yr Eisteddfod yn ei hysbysu mai ef oedd yn fuddugol cyn iddo fynd tua'r Babell Lên i dderbyn ei wobr. Wyddwn i ddim ei fod yn ymhél â barddoni. Deallais mai ar deithiau trên i ymweld â theulu Sandra, ei wraig fu farw mor drychinebus o ifanc, y lluniodd lawer o'r cerddi, cerddi a gyhoeddwyd yn gyfrol yn fuan wedi hynny.

Pan gychwynnodd Glyn ar ei yrfa ym myd papurau newydd peth gweddol anarferol oedd canfod rhywun a gafodd goleg ymhlith newyddiadurwyr. Yr arfer oedd i fachgen neu ferch adael yr ysgol yn ddeunaw oed, neu hyd yn oed yn un ar bymtheg, a dysgu'r grefft yn y gweithle. Clywais y diweddar Ioan Mai Evans, a gychwynnodd ei yrfa ar bapurau'r *Herald* cyn mynd yn athro, yn sôn fel y byddai'r hen do, Meuryn a'i debyg yng Nghaernarfon, yn swnian pa angen gradd oedd yna i fod yn newyddiadurwr. Crefft i'w dysgu a'i meithrin oedd sgrifennu i bapur newydd. Dyna yn y bôn agwedd Glyn, er i'r ffasiwn newid erbyn hyn. Rhoddodd gyfle i ambell un yn syth o'r ysgol ar sail traethodau ysgol, penderfyniadau brofodd yn llwyddiannus a doeth. Roedd ganddo gydymdeimlad a'r ddawn i ganfod doniau a'u hannog.

Efallai na ddylem synnu gormod oherwydd hynny – bu'r *Cymro* yn feithrinfa ail gyfle iddo yntau wedi iddo fethu ei arholiadau ar ddiwedd ei flwyddyn gyntaf yng Ngholeg y Brifysgol, Caerdydd. Rwy'n gobeithio nad wyf, drwy gynnwys y ffaith yma, yn bod yn amharchus mewn unrhyw fodd o Glyn. Roedd amryw o newyddiadurwyr a ddringodd i safleoedd parchus a thra uchel ym myd y cyfryngau wedi troi at newyddiaduraeth yn dilyn yr un dynged yn y cyfnod hwnnw.

Nododd Gwilym Owen yn ei hunangofiant iddo gael ei gynghori nad drwg o beth fyddai cynnwys BA Wales (Failed) ar ei CV! Wedi cyfnod byr yn gweithio yn y Ganolfan Waith ym Mhontypridd cafodd Glyn swydd gyda'r *Cymro* yng Nghroesoswallt.

Roedd ganddo'r ddawn i droi ei law at bopeth ym myd llên a geiriau. Dangosodd allu yn fuan i gynllunio papur yn ogystal â'i ddawn trin geiriau. Roedd yn gyfnod da i fod yn gweithio i'r *Cymro*. Er mai un o blith nifer sylweddol o bapurau wythnosol – y gweddill yn bapurau Saesneg – a gynhyrchid gan Woodalls oedd *Y Cymro*, yr oedd i'r papur statws barchus o fewn y cwmni. Roedd tua hanner y cyfarwyddwyr yn Gymry Cymraeg, yn eu plith ddynion megis Glyn Griffiths, y Cyfarwyddwr Golygyddol, a Tom Roberts y Cyfarwyddwr Hysbysebu, oedd yn amddiffynwyr parod i'r papur a'r Gymraeg. Bu cwmni Hughes a'i Fab, Wrecsam, yn rhan o'r cwmni un adeg, cwmni, felly, â thraddodiad o gyhoeddi llyfrau a chyfnodolion Cymraeg cyn bod sôn am gymorthdaliadau.

Roedd hefyd yn gyfnod cyffrous ym myd argraffu. Am nad oedd Croesoswallt yn ardal gyda thraddodiad grymus o undebaeth yr oedd y cwmni yn flaengar gyda dulliau o argraffu mewn cymhariaeth â Llundain a Chaerdydd, eto oes yr argraffu 'metal tawdd' oedd hon a defnyddid yr un dull i gysodi penawdau a ddyfeisiwyd gan Johannes Gutenberg yn y bymthegfed ganrif. Mae hyn yn ddiddorol o gofio gymaint ac mor gyflym fu'r newid ym myd argraffu papurau newydd a datblygiadau cyhoeddi ar y we yn ystod bywyd Glyn. Llwyddodd i addasu'n hawdd i'r newidiadau hynny. Yr oedd yn greadur llengar a bu'n ddiwyd yn cynnal tudalen lyfrau'r *Cymro* gan ddarllen llyfrau a llunio adolygiadau craff ac adeiladol oedd yn bleser i'w darllen. Nid un i fwrw rhywbeth clyfar, stroclyd at ei gilydd oedd Glyn. Parchai

71

awduron a deallai gymaint o waith ac ymdrech sy'n rhan o'r broses o sgrifennu llyfr.

Aeth o gwmni Woodalls yng Nghroesoswallt at bapurau'r *Herald* yng Nghaernarfon rywbryd yn y 70au gydag addewidion o bethau mawr, ond fel eraill o'i flaen cafodd ei siomi. Ymadawodd â'r *Herald* ac aeth yn gyfieithydd at Gyngor Gwynedd. Ar ei fore cyntaf daeth ei bennaeth ato gyda phentwr o waith i'w gyfieithu. Mwy o wreichion teipiadurol, ond heb y mwg – roedd e wedi rhoi'r gorau i smocio erbyn hynny. Cyn cinio dyma ddychwelyd y gwaith gorffenedig i'r pennaeth. 'Arswyd y byd,' meddai hwnnw, 'roedd y gwaith yna i fod i bara wythnos i ti!'

Fu e ddim yn hir gyda Chyngor Gwynedd a chafodd gyfle i ddychwelyd at *Y Cymro*. Erbyn hynny roedd y cwmni wedi symud i'r Wyddgrug ac aeth Woodalls yn Bapurau Newydd Gogledd Cymru. Gweithiai Glyn o'i gartef, tyddyn ym Mhenisa'r-waun, lle cofiaf fod ganddo fe a Sandra – Albanes a ddysgodd Gymraeg yn rhugl, gyda llaw – a'r plant nifer o anifeiliaid, gan gynnwys gafr.

Maes o law cafodd ei benodi'n Olygydd *Y Cymro* yn yr Wyddgrug a symudodd y teulu i Brestatyn. Ychydig cyn symud y darganfuwyd fod Sandra yn dioddef o'r canser a bu farw yn llawer iawn yn rhy ifanc cyn i'r teulu symud i'w cartref newydd. Yr oedd yn ergyd greulon ac er ein cyfeillgarwch anaml y soniai wrthyf am y profiad hwnnw. Cyfaddefodd, er hynny, ei siomedigaeth na lwyddodd y meddygon na'r arbenigwyr i ganfod y rheswm dros ei salwch nes ei bod yn rhy hwyr. Mewn rhai ffyrdd, yr oedd yn ddyn preifat iawn. Yn eironig, digwyddodd yr un peth iddo yntau, y canser wedi lledu drwy ei gorff cyn i neb sylweddoli hynny. Cymerodd at gyfrifiaduraeth a'r dulliau newydd o gynhyrchu papurau newydd heb drafferth yn y byd a dygnu ymlaen mewn cyfnod pan nad oedd y cwmni mor gefnogol i'r papur ag y bu yng nghyfnod Croesoswallt. Roedd bugeiliaid newydd wrth y llyw bellach.

Dros y blynyddoedd cadwodd y ddau ohonom gysylltiad pur agos ac yn y dyddiau pan oedd rhifyn Cymru o'r *Radio Times* yn cyhoeddi erthyglau Cymraeg ac erthyglau Saesneg am raglenni o Gymru byddwn yn gofyn iddo gyfrannu ambell erthygl o dro i dro. Wedi i mi ymadael â'r BBC i weithio ar fy liwt fy hun dechreuais gyfrannu'n gyson eto i'r *Cymro* a gweld cymaint fu'r newid a'r datblygiadau ym myd cyhoeddi a chynhyrchu papurau. Daeth y cyfrifiadur i fri a swyddfeydd papurau newydd bellach wedi eu trawsnewid o fod yn llefydd budr ac aflêr yn arogleuo o inc ac olew yn llefydd glân, llawer tawelach a phawb yn syllu i'w sgrin gyfrifiadurol. Cafodd Glyn ryw beiriant nid annhebyg i deipiadur i mi y medrwn ei gysylltu â llinell y ffôn i drosglwyddo copi yn syth i grombil rhyw gyfrifiadur. Bu Glyn yn fy nysgu i ddefnyddio'r teclyn swnllyd. Rhyfeddwn fel y bu iddo gymryd at y taclau modern hyn mor hwylus a didrafferth. Caem sgyrsiau hir a mynych gan drafod pynciau a newyddion y dydd.

Cofiaf un achos pan gythruddwyd un o'r sefydliadau teledu gan erthygl o'm heiddo a dechreuodd llythyrau cyfreithiol lanio'n gyson ar ei ddesg. Ar y pryd yr oeddwn yn mynd yn rheolaidd i Lydaw i weithio ar brosiect arbennig, a thrannoeth wedi i mi ddiflannu deuai llythyr bob tro a galwad ffôn fygythiol yn dynn wrth ei ôl. Gwrthodai Glyn ymddiheuro heb ymgynghori â mi – yr oedd ganddo ddigon o ffydd fod fy stori yn ffeithiol gywir. Er y buasai'n hawdd iawn rhoi ymddiheuriad yn y papur fyddai'n rhoi taw ar y mater, wnaeth e ddim. Wedi rhai wythnosau tawelodd y bwlis a chlywsom ni ddim mwy am y peth. Doedd Glyn ddim yn un i ildio.

Tua 1998 gwelodd gyfle i fynd i'r Wladfa i dreulio cyfnod yn dysgu Cymraeg i oedolion. Swydd oedd yn cael ei hariannu ar y cyd gan y Cyngor Prydeinig a'r Swyddfa Gymreig. Dywedwyd wrtho nad oedd ganddo'r cymwysterau na'r profiad i fod yn athro Cymraeg i oedolion ond tybed a fyddai ganddo ddiddordeb mewn mynd i Batagonia i hyfforddi pobol i sgrifennu – ar gyfer *Y Drafod*, ac yn y blaen? Gwell fyth. Er na chafodd Glyn ei hyfforddi i ddysgu eraill dangosodd fod ganddo ddawn i wneud hynny. Tystiodd nifer o newyddiadurwyr a gychwynnodd eu gyrfa ar *Y Cymro* gymaint fu eu dyled i'r hyfforddiant a'r cefnogaeth a gawsant ganddo yn ystod eu cyfnod cynnar ar y papur. Gofynnodd i'r cwmni a fyddai'n bosib iddo ddychwelyd i'w swydd yn *Y Cymro* ar ddiwedd y cyfnod ym Mhatagonia. 'Na' pendant oedd yr ateb. Ffordd ddigon siabi o drin gwas da, ffyddlon, goelia i. Beth bynnag, penderfynu mynd a chymryd ei siawns wnaeth Glyn.

Yn ffodus clywodd Aled Eurig, Pennaeth Newyddion a Materion y Dydd BBC Cymru, am hyn a chafodd sicrwydd swydd pan ddychwelai o'r Wladfa yn sefydlu gwefan BBC Cymru'r Byd. Dyma brosiect cyffrous i roi i Gymru a'r Gymraeg bapur newydd dyddiol – os nad ar bapur o leiaf fe gaem newyddiadur dyddiol ar y we gyda holl gynnwys a nodweddion papur newydd.

Bryd hynny y bu i'n llwybrau gydredeg unwaith eto. Ym 1999 roeddwn yn ôl am ysbaid yn fy hen adran – Adran y Wasg – ac wedi bod yn gweithio'n agos gyda Glyn yn y cyfnod yn arwain at lawnsio BBC Cymru'r Byd. Roedd hi'n brynhawn Gwener a'r prosiect newydd yn mynd yn fyw i'r byd y bore Llun canlynol. Roedd fy nghyfnod dros dro innau yn Adran y Wasg yn dod i ben a dychwelais i glirio'r ddesg wedi peint ffarwél yn y clwb pan ddaeth galwad oddi wrth Glyn. 'Gwranda,' meddai, ''sneb wedi meddwl am ddarpariaeth ar gyfer chwaraeon ar Cymru'r Byd. Fedri di ddod i mewn tua saith fore Llun i gychwyn y peth?'

Wedi'r misoedd o drefnu a thrafod a phwyllgora doedd neb wedi meddwl am chwaraeon! Dylswn nodi'n glir nad dyletswydd Glyn oedd hyn, roedd ganddo fe ddigon o waith a chyfrifoldeb fel golygydd erthyglau nodwedd. Ond fe gafodd y gwaith o fy ffonio i. 'Fe fyddwn wedi rhoi trefn ar y cyfan cyn pen pythefnos,' meddai wrthyf. Pythefnos? Aeth dwy flynedd heibio cyn i mi gael fy mharti ffarwél olaf â BBC Cymru!

Bu'r ddwy flynedd hynny ymhlith yr hapusaf yn fy mywyd. Gweithiwn ar fy adroddiadau o fyd y campau a rhoi ychydig o help llaw i Glyn gyda'r tudalennau nodwedd. Byddwn wrth fy nesg bob bore am saith a byddai Glyn i fewn ymhell cyn hynny. Dyma'r tro cyntaf i mi sylweddoli gweithiwr mor galed a chynhyrchiol oedd e. O 1999 tan 2012 bu'n golygu erthyglau nodwedd, adolygu llyfrau ac yn y blaen ar wefan BBC Cymru'r Byd. Yr oedd yn deall pwysigrwydd cyhoeddi adolygiadau cyn gynted â phosib wedi i lyfr ddod o'r wasg. Dyna oedd ei nod pan fu'n adolygu llyfrau i'r *Cymro* a dyna'i nod gyda Cymru'r Byd. Yr oedd Glyn yn caru a gwerthfawrogi llyfrau. Bu'n gyfraniad gwerthfawr i ddarllenwyr a chyhoeddi Cymraeg. Yn anffodus, wedi iddo ymddeol yn 2012 rhoddwyd y gorau i'r agwedd yna ar waith y wefan, sy'n golled fawr, greda i. A hynny heb i neb godi llais i gwyno, sy'n dweud rhywbeth am gyflwr darllen a chyhoeddi yn y Gymraeg heddiw.

Yr oedd hefyd yn newyddiadurwr o'r hen deip oedd am fod yn gyntaf yn cyhoeddi stori. Cawn wahoddiad i ddychwelyd i weithio gydag e pan fyddai'r Eisteddfod Genedlaethol yn y De ac i sgrifennu adroddiadau dyddiol o BBC Canwr y Byd Caerdydd. Mae Canwr y Byd yn digwydd bob yn ail flwyddyn, yr un flwyddyn ag y mae'r Eisteddfod Genedlaethol yn y Gogledd – trefniant taclus oedd yn fy siwtio i i'r dim. Roedd llunio adroddiadau dyddiol o Canwr y Byd yn bleser arbennig gan fod

Glyn mor awyddus i fod ar y blaen yn cyhoeddi'r adroddiadau, enwau'r enillwyr a phwy fyddai yn y rowndiau terfynol ac ati o flaen pawb. Bellach – a minnau ond yn gweithio'n achlysurol i'r Gorfforaeth – chawn i ddim rhoi fy adroddiadau'n fyw ar y wefan ond byddai Glyn i fewn am bump i wneud hynny bob bore. Dyna'r math o ymroddiad oedd yn nodwedd ohono. Da o beth oedd canfod fod cerddorion, a rhai oedd yn caru cerddoriaeth, yn gwerthfawrogi gwasanaeth nad oedd i'w gael yn unlle arall.

Rywbryd yn y cyfnod hwn cefais ymholiad oddi wrth un o'm cyfeillion, gŵr amlwg gyda Chymdeithas y Cymry ar Wasgar, oedd yn chwilio am rywun i olygu cylchgrawn y gymdeithas, *Yr Enfys*. Awgrymais enw Glyn heb feddwl ddwywaith. Onid oedd wedi gwneud cysylltiadau gwerthfawr ym Mhatagonia a gwyddwn fod ganddo gysylltiadau neu berthnasau yng Nghanada. Yn ogystal â bod yn sgrifennwr ardderchog yr oedd hefyd yn gyfarwydd â'r technegau diweddaraf ac yn mwynhau'r grefft o gynllunio newyddiadur. Golygodd *Yr Enfys* am nifer dda o flynyddoedd a hynny gyda'r brwdfrydedd, y trylwyredd a'r graen oedd yn ei nodweddu.

Y tro diwethaf i ni gyfarfod oedd yn angladd Llion, ei ragflaenydd fel Golygydd *Y Cymro*, ac yn ôl ein harfer cawsom sawl sgwrs ar y ffôn ers hynny, ond yn ddiweddar, er ffonio droeon, ni ddaeth ateb. Yr oedd gen i ryw deimlad fod rhywbeth o'i le.

Cefais y mwynhad o gydweithio'n agos gydag e ar dri chyfnod yn fy mywyd, profiadau ac atgofion a drysoraf tu hwnt i eiriau. Mawr yw'r hiraeth ar ei ôl.

Meddai'r Cymro . . .

gan Glyn Evans

(Colofn olygyddol *Y Cymro*, Gorffennaf 1988)

Hawdd maddau i rywun am weld arwyddocâd yn y ffaith mai cadeirydd awdurdod dŵr ydi cadeirydd y Bwrdd Iaith newydd a sefydlwyd gan y Llywodraeth – achos peth glastwraidd iawn ydi *bwrdd* o'i gymharu â'r *Ddeddf Iaith* sydd ei hangen ac y gofynnwyd amdani.

Nid oes amheuaeth nad yw *pecyn* Mr Walker wedi ei lapio'n ddeniadol ond yn nes ymlaen y cawn weld a fydd yr hyn sydd yn y bocs o dan y papur del yn gweithio ai peidio.

Un peth sy'n arwyddocaol, fodd bynnag, yw fod Sais o Ysgrifennydd Gwladol Torïaidd i'w weld yn gwneud mwy dros ein hiaith nag odid unrhyw ysgrifennydd o'i flaen, ac ni ddylem fod yn grintachlyd ein hedmygedd ynglŷn â hynny; ac o'i weld yn cymryd y cam hwn i'r cyfeiriad iawn, y mae'n bwysig i ninnau ei annog yn ei flaen at y llinell derfyn.

A'r wobr yno yw *Deddf* achos dim ond deddfwriaeth sy'n mynd i roi i'r iaith y statws a'r diogelwch y mae'n rhaid iddi wrthynt. Dan y sefyllfa bresennol y mae rhywun yn tueddu i ofni, er ei waethaf, mai Cymdeithas yr Iaith sydd agosaf at y gwir ac mai presant inni yw hwn i osgoi rhoi'r anrheg yr ydym ei gwirioneddol eisiau, ei hangen a'i haeddu.

Y mae sawr gormodiaith a gorganmol yng ngeiriau Dafydd Wigley, ond adlais y realydd ym mrawddegau Gwilym Prys Davies sy'n gweld cryn ddiffygion yn y papur lliwgar a'r cyflwyniad proffesiynol.

O sefydlu Bwrdd, fodd bynnag, ni ellir wrth gadeirydd mwy cymeradwy na John Elfed Jones – ond y mae cyfrifoldeb aruthrol ar ei ysgwyddau i brofi'r amheuwyr yn anghywir – ac y mae'n rhaid ar hyn o bryd, mae gennym ofn, restru'r *Cymro* ymhlith y rheini, achos ni allwn yn ein byw weld na fydd y Bwrdd hwn fawr amgenach nag un o'r mynych siopau siarad hynny yr ydym ni Gymry mor hoff ohonynt.

Gall swnio'n od efallai, ond nid efo *geiriau* y mae achub yr iaith Gymraeg ar ei hunfed awr ar ddeg.

Mae angen *gweithredoedd*.

A'r un weithred bendant y dylai Mr Walker fod wedi mynd i'r afael â hi yw llunio yn awr – nid yn rhyw efallai pell – Ddeddf Iaith gytbwys a theg.

Galwodd *Y Cymro* yn gyson am y ddeddf hon ac ni welwn unrhyw reswm dros newid ein cri yn wyneb creu'r Bwrdd.

Cyfrifoldeb mawr a chyfraniad mwy John Elfed Jones fydd sicrhau mai Bwrdd sy'n gwneud yn hytrach na dweud fydd Bwrdd yr Iaith, a'n gobaith a'n dymuniad wrth iddo ddechrau ar ei arswydus swydd, yw y bydd yn profi *Y Cymro* a'r holl amheuwyr eraill yn anghywir.

Y Drws Agored

Stori gan Glyn Evans

Cyhoeddwyd yn _Y Cymro_ Noswyl Nadolig 1969

Gwthiodd Olwen ddillad y gwely dan y fatres a thwtio tipyn ar y gobennydd.

'Heno mae o'n dŵad yntê?' gofynnodd Geraint.

'Ia bach. Ac mae'n rhaid iti fynd i gysgu rŵan. Tydi Santa Clos ddim yn dŵad i'r tŷ nes bydd o'n siŵr bod pawb yn cysgu.'

'Wnaiff o ddim anghofio dim byd na wnaiff? Rydw i wedi gofyn am lot o bethau, Mam. Fasai fo'n anghofio rhwbath?'

'Wneiff o ddim cariad. Dos di i gysgu rŵan. Neu pasio'r tŷ wneith o. Mi ddaw o â phob peth os byddi di'n hogyn da.'

Eisteddodd ar erchwyn y wely am ysbaid yn gwylio'r bychan yn llithro yn erbyn ei ewyllys i'w gwsg. Cynhesai sŵn ei anadlu ei chalon. Byddai Gwilym adref pen dim gyda'r wigwam drilliw a'r dillad cowboi.

Cusanodd ei dalcen yn ysgafn a dychwelyd i'r gegin. Aeth ati i stwffio'r twrci.

* * *

Sgrechiodd y car yn stond y tu allan i'r Sgotwr Coch a chwydu Gwilym, Ieuan a Dei o'i berfedd. Rhuthrodd y trio am y cyntaf at y bar.

'Tri pheint o bityr, cariad,' gwaeddodd Gwilym cyn ei fod trwy'r drws yn iawn.

'Naci. Fy rownd i. Tri wisgi. Dwbwl myn diawl,' meddai Dai. 'Wisgi wedyn, cwrw rŵan,' atebodd Gwilym gan annog y weinyddes i arllwys y ddiod.

Eisteddodd y tri wrth y bocs recordiau gan hanner gwrando ar y carolau a drachtio'u cwrw.

'Rhaid imi ffonio Olwen i ddweud mod i'n hwyr,' meddai Gwilym.

'Duw mawr, mae hi'n gwybod erbyn hyn. Roeddat ti fod adre ddwyawr yn ôl. Wath ti befo. Hei, cym-on, chwiliwch am waelod y gwydr 'na imi gael esgus i brynu rownd arall.'

Cyrhaeddodd Ieuan y bar rywsut ac yn ôl at y bwrdd heb golli fawr o'i ddiod.

'Dolig Llawen bois,' meddai cyn methu ei geg ac arllwys y cwrw dros ei grys.

'Mi gawson ni uffar o barti yn y gwaith y pnawn 'ma. Roedd y bòs yn ei thrio hi efo'r beth bach larts 'na sy'n . . .'

Dechreuodd rhywun ganu mewn cornel arall a chyn bo hir roedd pawb yn ymuno.

* * *

Clywai Geraint sŵn ei fam yn cerdded yn ôl a blaen yn y gegin. Allai o weld dim ond y tywyllwch o'i gwmpas. Ceisiai graffu drwy'r düwch gan obeithio gweld bod Santa wedi bod.

Roedd ei hosan wrth droed y gwely. Biti na fuasai ei fam wedi gadael iddo roi'r sach yno. Ond ella'i bod hi'n dweud y gwir bod Santa'n rhoi mwy i blant sy'n gofyn am ychydig. Fyddai o ddim gwaeth o godi i edrych a oedd yna rywbeth yn yr hosan. Gwthiodd oddi rhwng y dillad a chropian tua throed y gwely. Teimlodd yr hosan wag yn ei law.

Tybed na ddylai o fod wedi dod erbyn hyn? Efallai ei fod o wedi anghofio. Neu wedi mynd â'i anrhegion i'r hen Huw Defis yna am iddo fo ddwyn pensil hwnnw yn yr ysgol.

Gorweddodd yn ôl ar y gwely. Fe âi i gysgu eto. Byddai Santa yn siŵr o ddod.

Clywodd rywbeth yn syrthio yn y gegin a'i fam yn rhegi dan ei gwynt.

Pwysai'r tywyllwch yn drwm o'i gwmpas. Clywodd awyren yn hedfan yn ara heibio. Santa efallai. Roedd deigryn yn ei lygad wrth glywed sŵn y peiriant yn marw yn anialwch y cymylau.

Cofiodd am bensil Huw Defis. Roedd hi dan y dillad dydd Sul yn y tsiestardrôrs. Cododd yn ddistaw o'i wely ac agor y drôr. Ymbalfalodd yn y tywyllwch nes ei theimlo rhwng ei fysedd.

Eisteddodd ar erchwyn y gwely gan chwarae gyda hi yn y tywyllwch. Tybed oedd Santa'n gwybod? Doedd o ddim yn lecio neb ond plant da. Ella bod Huw Defis wedi dweud wrtho fo. Mi fasa hynny jest be fasa hwnnw'n wneud.

Daeth fflach o weledigaeth. Pe bai yn mynd â'r bensil yn ôl fyddai neb ddim callach. Dim ond ei gollwng drwy'r twll llythyrau oedd eisiau. Fyddai gan Santa ddim i'w ddweud wedyn.

Roedd hi'n anodd sleifio o'r ystafell wely trwy'r ystafell fyw heb i'w fam weld. Ond roedd allan drwy'r drws ffrynt heb i unrhyw gri ei stopio.

Crynodd yn yr oerni a chrymu ei gefn yn erbyn chwip y rhew.

* * *

Dawnsiai a chanai pawb fraich ym mraich. Pawb yn hapus a chynnes. Daeth criw o'r nyrsus o'r ysbyty newydd i mewn tua naw o'r gloch a gwyddai rhai eu bod yn iawn am y noson.

Roedd mynd mawr ar yr uchelwydd a'r cwrw.

'Mae'n rhaid imi fynd myn diawl,' meddai Gwilym, 'mae'r wraig yn disgwyl.'

'Y pils wedi methu eto?'

Llithrodd Dei dan y bwrdd wrth chwerthin a dymchwel gwydrau o gwrw i bob cyfeiriad.

Gwaeddodd y weinyddes rywbeth cyn taflu cadach a lapiodd am wyneb Ieuan.

* * *

Edrychodd Olwen yn syn ar y drws ffrynt agored. Ei meddwl cyntaf oedd bod rhywun yn y tŷ. Gallai ffonio'r heddlu yn ddistaw. Ond beth pe clywai'r dyn hi'n deialio?

Sobrodd am ennyd wrth gofio am Geraint. Lladdodd panic ei hofn wrth iddi rhuthro i'r ystafell wely. Edrychai'r gwely gwag fel briw agored yn y goleuni llachar.

Teimlai'r oerni yn gafael yn ei stumog a troes ar ei sawdl a rhedeg i'r drws ffrynt. Roedd hi'n crynu. Ei dwylo yn chwilio am rywbeth i'w wneud. Troes yr ofn yn fantell boeth amdani. Chwyrlïai'r poethder yn ei phen a'i dallu. Teimlai ef yn ei mygu.

Bu bron iddi syrthio ar draws y ffôn.

Rhwbiodd ei bysedd dros y deial.

Atebodd y swyddog yn bwyllog a distaw.

Poerodd ei neges blith draphlith ar draws ei gilydd.

Mygodd yr ofn hi'n gyfan gwbl a syrthiodd yn llipyn ar y llawr, y ffôn yn dynn yn ei llaw.

* * *

Dihangodd Gwilym o'r miri i'r car. Eisteddodd yn chwil y tu ôl i'r llyw. Syrthiodd y goriadau ar y llawr ddwywaith. Roedd ei ben yn troi a'r cwrw'n gynnes am ei feddwl. Edrychodd ar y parseli ar y sedd gefn. Teimlai bod yn rhaid iddo frysio.

'Switsio mlaen a rhoi'r goriad miwn ac i ffw-w-wr â ni-i-i. Rownd y byd ac i ff-w-wr â ni. Heno ydi nos Nadolig. Nadolig Llawen gar bach. Ha ha mae Santa'n dŵad yn ei gar bach glas. Tring a ling a ling a jinga la a ffwr â ni.'

Gwthiodd y lifar i ryw gêr neu'i gilydd. Pa wahaniaeth p'run. Ysgwydodd y car ymlaen fel pe bai yntau wedi meddwi.

'Cofiwn ei eni Ef,' canodd Gwilym.

* * *

Roedd Geraint wedi cymryd y tro anghywir. Allai o yn ei fyw gael hyd i dŷ Huw Defis. Edrychai pobman yn wahanol yng ngoleuni lampau'r stryd. Brysiodd yn ei flaen. Careiau ei esgidiau yn chwipio ei fferau. Buasai'n mynd adra ond ni allai gofio'r ffordd.

Roedd hi'n dywyllach yn y strydoedd cefn. Teimlai'n ofnus. Ofnus o'r cysgodion a fynnai ei ddilyn ffordd bynnag yr âi.

Neidiodd cath oddi ar y wal y tu ôl iddo a thaflu caead rhyw dun sbwriel.

Gwyddai bod y diawl ei hun wrth ei sodlau. Rhuthrodd yn ddall yn ei flaen. Ei galon yn curo nes brifo ei asennau.

* * *

Teithiai'r car fel llong ar fôr. I fyny ac i lawr ac o ochr i ochr. Ceisiai Gwilym ddilyn y llinell wen ond doedd fawr o sa' ar honno. Troellai fel y mynnai hi ei hun.

'Ma'r hen bits wedi meddwi.'

Chwarddodd nes gyrru'r car yn groes ar draws y ffordd. Gwelodd y gwrych mewn pryd a throes y car yn wyllt tua chanol y ffordd.

'Styrling Mos myn f'enaid i,' meddai gan chwerthin.

'Mi faswn i'n rêl boi ar yr Apolos 'na.'

Roedd o fewn ffiniau'r dref erbyn hyn.

'Mae'n rhaid imi rafu rŵan ne fydd y cops yn rhoi Dolig 'nhapus ar y cyth imi.'

Gwthiodd y sbardun a saethodd y car ymlaen.

'Be sy ar y blydi brêcs 'na?'

Sylweddolodd drwy rith y ddiod ei gamgymeriad a phwysodd ar y brêc.

Dechreuodd ganu yn hapus aflafar.

Rhuthrodd y cysgod o flaen y car. Doedd dim iws chwilio am y brêc, am a wyddai ef roedd rhywun wedi ei ddwyn. Teimlodd ryw galedwch meddal yn erbyn yr asgell chwith. A sgrech egwan. Malodd y ffenestr flaen yn deilchion wrth i'r car daro'r lamp stryd. Caeodd y tywyllwch cochliw o'i gwmpas.

* * *

'Myn uffarn i,' meddai'r swyddog wrth edrych ar gorff y plentyn ar y llawr. Plygodd yn stiff ac agor dwrn y bychan a rhoi'r pensil yn ei boced.

13

Aberdeudraeth
(Byd Llyfrau)

Stori o gyfrol Glyn, *Jyst Jason*
a gyhoeddwyd yn 1996 gan y Lolfa.

Dyn neis ydi Aneurin Morgan ap Humphreys-Jones.

Nid dymunol, na chlên na hoffus ond . . . neis.

Llais melfed, neis, yn siffrwd yn erbyn sidan llediaith ei dafod. Osgo bach neis wrth fynd allan o'i ffordd i fod yn, neis, efo chi. Gwên neis, a'r ysgwydiad llaw gyda'r neisiaf y bu bron i neb ei theimlo erioed.

Y mae o, ei gorff bach boliog, neis, ei ddwylo merchetaidd, neis, sydd wedi eu plethu mewn gweddi barhaus o'r parch mwyaf eithriadol o neis tuag atoch yn . . . neis.

Y mae o mor ofnadwy o uffernol o ddiawledig o gachu o neis nes codi cyfog ar ei wraig. Hi, sy'n gorfod byw efo fo gartref; lle gall fod yr hyn ydyw mewn gwirionedd.

Ond yn nhref Aberdeudraeth a rhwng silffoedd ei lyfrgell ddestlus y mae'n fawr ei barch gan bawb.

Ac eto; erbyn meddwl, rhyw dueddu i godi eu haeliau ac ymochel dan ymbarél rhyw 'Hmmm' nad yw'n arwyddo cytundeb nac anghytundeb llwyr y mae ei staff llyfrgellyddol dan y cawodydd parhaus o, 'Dydi-Mr-Morgan-ap-Humphreys-Jones yn glên, ac *mor* helpffwl' y mae'r cymylau o fenthycwyr yn eu bwrw tuag atynt.

Rheswm da pam! Tipyn o Hitlar efo beiro yw Aneurin Morgan ap Humphreys-Jones y tu ôl i'w ddesg Habitat. Gengis Cân cyn i'r menyn doddi yn ei geg, Atila Ddy Hyn efo mêl ar ei dafod. Syndod o'r mwyaf i'w wraig druan oedd gweld yr angel a fu'n ei chanlyn mor gydwybodol ar ben ffordd yn troi'n gymar mor ddiawledig o frwnt ei dafod ar ben pentan.

* * *

Mae'n fore nodweddiadol yn nyth y Morgan ap Humphreysiaid-Jones gyda'r titw boliog wedi ei daro oddi ar ei frigyn unwaith yn rhagor am nad yw ansawdd ei foreol wy o'r trwyth disgwyliedig a gosodedig. Y mae'n destun syndod, rhyfeddod a dirgelwch iddo ef sut na feistrolodd hi wedi ugain mlynedd o gyd-fyw priodasol, y ddawn i ferwi wy o'r union feddalwch caled ag a ddymunai ef.

A'r melynwy gludiog, afiach, yn dal yn fyw yn ei lygaid ac ar ei wynt, gwaethyga pethau pan gyrhaedda'r garej. Nid yn unig y llwyddodd *hi* i droi ei wy yn stwmp cyfoglyd yn ei stumog lle mae'r salmonela yr eiliad hon mewn brwydr atgas â'r listeria, ond llwyddodd hefyd i barcio'r *Fiesta* glas yn y fath fodd fel na all meinabs wasgu'n gyfforddus ei fol crwn a'i ben ôl crynach, rhyngddo a wal y garej.

Byddai sŵn rhech hoelen rydlyd yn rhwygo'i drowsus yn dreth ar neisrwydd unrhyw un, ond teyrnged weladwy i ddawn ryfeddol Mr Morgan ap Humphreys-Jones yw na sylwodd y dyn llefrith fod dim o'i le rhwng gŵr a gwraig y Ddau-Beint-y-Dydd-a-Crîm-on-Sundays a wynebai ei gilydd dros eu gorddrws.

Achubwyd gan hunanddisgyblaeth ryfeddol ddelwedd bwysig y bore hwnnw. A phery Mr Morgan ap Humphreys-Jones, yng ngolwg y Dyn Llefrith – sy'n euog o fwrw'n rhywiol anghelfydd i'w wraig yn ei ddiod bob nos Sadwrn – yn ddyn bach neis iawn, iawn, sy'n talu am ei ddyddiol beinta yn brydlon bob Sadwrn. Yn wir, gwna hynny yn y fath fodd ag i beri i farsiandiwr y llaeth ei theimlo'n fraint cael gwerthu ei hylif maethlon i gwsmer mor – neis.

Ond, yn y llofft, a'r Dyn Llefrith bellach o glyw ac o olwg, mae pethau'n wahanol. Yno, ychwanegir digofaint at alanastra pan sylweddolir ei bod *hi* mewn pwl o afresymoldeb hunanol a chwbl anystyriol wedi cyrchu at y glanhawyr, y diwrnod cynt, yr union siwt frown y penderfyna ef newid iddi.

A'i tharian, ar lun y Dyn Llefrith, wedi hen ddiflannu tyr siswrn sidan ei dafod ei chymeriad yn rhwbanau taclus o feiau.

Am y canfed tro a'r hugain y mis hwn gorfodir Mr Morgan ap Humphreys-Jones i ofidio ac i anobeithio ynglŷn ag aneffeithiolrwydd y ferch y bu'n ddigon graslawn i'w phriodi.

Ei hunig amddiffyniad hi yw atgoffa ei hun yn ei meddwl bod arogleuon drwg yn y tŷ bach yn dilyn ymweliadau Mr Morgan ap Humphreys-Jones hefyd.

Ond yr oedd hi mewn dagrau pan adawodd ef y tŷ.

Ond dagrau a drodd yn wên ac a dyfodd yn chwerthin wrth i'w gŵr bach neis orfod swyrfio i'r ffôs i osgoi *Mercedes Benz* coch yn sgrialu i fyny'r stryd a rhyw sbargo ifanc ynddo yn codi dau fys ar y llyfrgellydd bach neis cyn ailgychwyn ar ei daith.

* * *

A blas ei awdurdod dros ei wraig yn dal ar ei dafod, a'i ddialedd tuag at y modurwr gwallgof yn cnoi ei hunan-barch, trodd y titw bach blin yn geiliog dandi tanbaid ei dagell wedi cyrraedd y llyfrgell a gosododd un neu ddwy o'r clercod – gwrthodai eu galw'n leibrerians – yn eu lle. Treuliodd weddill awr gyntaf y bore yn ffyslyd gerdded o amgylch y silffoedd gan syllu'n feirniadol ar feingefn llyfrau a thynnu ambell un allan dim ond i'w wthio'n ôl a chwythu wedyn rhyw lychyn anweledig oddi ar ben ei fysedd.

Wrthi'n gwneud hynny yr oedd pan ragfynegwyd dyfodiad Ratz a Catz i deymas ymherawdwr bach neis dalennau dysg gan fyddardod morthwyl cerddoriaeth ymosodol getoblastyr Llgod sy'n eu harwain.

Ef a lwyddodd i berswadio'r ddau arall na ddigwyddai dim o werth yn yr ysgol heddiw – sefydliad a roddai gymaint o bleser iddo ac a roddai cyfrif stamps i ddyn heb fysedd.

Ond, a hithau bellach yn hanner awr wedi deg, pwysai amser yn drwm ar eu dwylo a'r dydd yntau yn llusgo'n ddiamcan tuag at amser agor; penderfynasant, ar ôl cael eu hel o Tesco am ffeirio labeli prisiau gwahanol nwyddau, ymweld â llyfrgell y dref.

'Wa-wwi, mi gawn ni blydi laff yn fan'no,' addawodd Llgod, hen giamstar ar ddyfeisio blydi laffs yn amrywio o chwarae bomiau efo bylbiau letrig o dop grisiau Fflats Newydd, i ffonio pobol dan enw peiriannydd teleffon a'u gorchymyn i roi eu teleffonau sy'n gorboethi'n beryglus mewn pwcedaid o ddŵr oer nes y cyrraeddai ef.

'Ac mae 'na fwy o genod mewn leibri nag sy 'na'n bali Bwts.'

'Ia, laff!' cytunodd Catz, carreg ateb yn drewi o hylifau atal chwys ac o elïau lladd drewdod.

'*Blydi* laff,' pwysleisiodd. Ac nid cyfeirio at yr adran llyfrau doniol yr oedd o chwaith.

Ar ei waethaf yr ymunodd Ratz â'r fintai, a chryfhai'r awydd i'w hel hi am adref yn ei ymysgaroedd bob eiliad.

Ymuno â'r Awr Stori oedd man cychwyn eu hymchwil am laff; ond cawsant eu hel oddi yno gan famau ymbarelog gyda phlant oed meithrin ar eu harffed – dwy ohonynt rhwng dau feddwl chwerthin ai peidio pan awgrymodd Llgod mai rhyw glefyd rhywiol orchuddiodd gyfaill Superted â sbotiau.

'Mae o ishio Ffyrst Aids,' medda fo.

Crymffast mawr efo gwallt gwyrdd a choch yn wrychyn afreolus i lawr canol ei ben, sgidia mawr fatha nafi, trowsus yn gwasgu'n dynn am dronsiad hael o arfau rhywiol, a hylltod cromiwm o radio ar ysgwydd a welodd Mr Morgan ap Humphreys-Jones yn dynesu tuag ato rhwng y silffoedd.

Dawnsiai'r arwyddion *'Silence* – Diastawrwydd' ar y silffoedd gan beltiadau'r desibels.

Ar y pryd, plethai Mr Morgan ap Humphreys-Jones ei ddwylo mewn ymdrech i fod yn eithriadol o neis efo'r Cynghorydd Mrs Sinthia Mcguire, a thros ei hysgwydd hi y gwelodd y ddwylath o liw, styds a sgidia yn cerdded rhwng y silffoedd. Aethant ati i dynnu yma lyfr a'i osod draw gan beri i *'Welsh Fiction* — Ffuglun Cymreigaidd' rannu silff â *'Romances* – Rhamantauiadau' a hyd yn oed achosi i *'Pets and Domestic Animals* – Dofolion ac Anifeiliaid Domestigeidig' grwydro i faes *'Science Fiction / Horror* – Ffuglun Gwyddonol / Ofnadywaeth'!

Gyda'r mawredd awdurdodol hwnnw y mae dynion bychain yn ei ennill wedi hir brofiad o roi gwraig ddiniwed yn ei lle ac o beri i glercod ofnus am eu swyddi sgrialu i bob cyfeiriad ar eich archiad symlaf, y mae Mr Morgan ap Humphreys-Jones yn tynhau rhywfaint ar ei fol. Mae hynny, yn ei dro, yn chwyddo'r frest golomenaidd yn ddigon i'w annog i gyfarch y bechgyn mewn modd bygythiol nad oes a wnelo maint ddim o gwbl â fo.

'*Right*. Chwithau. *You hooligans. Out, out, out. Out, out.* Neu fe'm gorfodir i'ch *rhoi* chwi allan.'

Edrych i lawr ar y corffilyn bach boliog heb fedru credu ei glustiau yw ymateb Llgod – a chwyddo sŵn y radio.

'Wa-wwi, be ddeudis di twbyn?' hola uwchben y sŵn.

'*Right. That's the limit. How dare you turn that radio up at me* yn y *provocative manner* yna. Fydd yna ddim *messing about* ynglyn â hyn,' meddai gan daflu cip sydyn dros ei ysgwydd am arwydd o edmygedd yn llygaid y cynghorydd; a chan bwysleisio'i eiriau gyda phen ei fys ar frest Llgod, ychwanega –

'*Ar y count-of-ten* allan o'm *Library* i neu gymryd y *consequences. Most severe consequences.*'

'Wa-wwi, blydi boi beilingwal,' meddai Llgod wrth neb yn arbennig gan osod ei radio ar silff na allai twbyn ei chyrraedd.

'Blydi Dei-lingo,' cytunodd Catz. 'Sut wyt ti'n gwybod 'i enw fo?'

'Un . . . dau . . .'

Fel y cyfra'r Llyfrgellydd mae Llgod a Catz yn tynnu lyfrau oddi ar y silffoedd a'u codi'n wal dwt rhyngyddynt â'r cyfrwr nes eu bod erbyn, '*seven . . . eight . . .*' gyfuwch â gên Mr Morgan ap Humphreys-Jones. Erbyn '. . . *nine-ten-Right*-peidiwch-â-dweud-*you-haven't-been-fairly-warned-DEG*,' nid oes ond ei gorun i'w weld trosti.

Cerdda rownd y wal i ymuno â Llgod sydd bellach ar ei ben ei hun. Dim ond yr arogl sydd i'w atgoffa o fodolaeth Catz y gwelir lliw ei din yn fflachio tuag at '*Reference Only* – Cyfeiriadu yn Unig'.

Mewn un symudiad sy'n gymysgedd o rowlio a brasgamu y mae Mr Morgan ap Humphreys-Jones yn troi tuag at ddesg y derbynydd.

'*Right* Miss Williams, contactiwch y *relevant authorities*,' meddai wrth Carol Fach Hafan Fawr.

'*Pardon?*' meddai'r ddwy frest a thethi'n gwthio'n bryfoclyd yn erbyn blows wen.

'*The constabulary.* Ffoniwch y *Police you stupid girl.*'

Ac fel yr yngana'r gorchymyn teimla ddwylo cryfion Llgod a Chatz dan ei geseiliau yn ei godi o'r llawr a'i roi i eistedd fel rhyw ornament bach ar y cowntar.

'Ydach chi'n gwybod be 'di'r nymbyr Mr Humphreys- Jones?' hola hitha.

'Sut mae hi'n edrach am heno Car?' hola Catz. Doedd y tu mewn i flows Carol ddim yn diriogaeth cwbl ddieithr iddo ef ar adeg mwy cymhedrol yn handlo datblygiad topograffig yr hafan honno, rhwng pedwerydd a phumed dosbarth, pan yr oedd dwy farn go bendant a oedd Carol yn chwarae fel cwningen ai peidio.

Ymchwil i'r posibilrwydd hwnnw oedd pennaf faes llafur Catz yn yr ysgol ar un cyfnod.

'Miss Williams, a ydw i *to take to understand* fod y rhain yn *known associates* i chwi? Alla i ddim credu'r peth. *One of my staff* yn ffraterneisio. Bydd *consequences* i chwi eu hwynebu am hudo *elements* mor *unsavoury* i *Public Library*. Ac a wnaiff rhywun switsio'r weiarles yna *off*,' meddai'r onrament oddi ar y cowntar a'i dagellau a'i wyneb bellach yn saith gwahanol fathau o goch a phiws.

'*I'll see you in my office.*'

Ond go brin i Carol glywed hynny, oherwydd yr oedd Mr Morgan ap Humphreys-Jones yn prysur ddiflannu rhwng y silffoedd yn nwylo Llgod a Catz a'i draed yn prysur redeg drwy'r awyr heb fod mewn cysylltiad o gwbl â'r llawr.

Diflannodd y llais rhywle rhwng '*Horticulture* – Garddoriaeth' a '*DIY* – Gwnewch Ych Hun'.

Erbyn hyn y mae'r Cynghorydd Mrs Maguire hithau wedi rhyw ddadebru o'r sioc a'i troes yn golofn nid annhebyg i wraig Lot slawer dydd. Ac yn prysur gael eu bwrw i'r neilltu y mae'r holl ddaliadau radicalaidd hynny a enynnai ynddi gymaint o gydymdeimlad â'r di-waith a'r anystywallt. Nid yw ei dealltwriaeth o broblemau dybryd canol trefi Lloegr cweit mor eglur ychwaith wrth iddi, nid alw, ond sgrechian, am bresenoldeb yr heddlu y bu mor feirniadol o'u natur ffasgaidd tuag at y boblogaeth. Y mae'r ddynes, sy'n berchen digon o siwmperi gwlân i fod wedi cadw o leiaf ddwy mewn gwaith am oes yn Antur Aelhaearn (tasa'r lle'n dal ar agor) wedi dychryn.

Saif pawb arall yn syfrdan gyda staff y llyfrgell yn ymuno fesul un a dwy efo Carol y tu ôl i'r ddesg megis llygod wedi mentro o'u hamryfal dyllau; eu llygaid oll yn wahanol raddau o fawr a chrwn gyda chymysgedd diddorol o syndod a gwên yn cosi corneli pob ceg.

Fel y rhuthrai'r tri oedd yn destun y fath ryfeddod ac – a feiddiwn ni gyfaddef – edmygedd, am y drws nid oedd neb, fodd bynnag, wedi ffonio'r heddlu a phenderfynwyd mai gwell, yn gyntaf, fyddai cyrchu tuag at sgrechiadau Mr Aneurin Morgan ap Humphreys-Jones.

A'i ddarganfod a wnaethant yn hongian gerfydd ei fresus ar y bachau cotiau y bu'n crafu mor hir a sebonllyd yn ei ffordd fach neis ei hun i gael eu gosod yn y 'Rest-room – Ystafell Weddill'.

Ni all rhywun fod yn berffaith sicr – ac nid yw'r Cynghorydd Mrs Maguire, a oedd y gyntaf i gyrraedd y sîn, yn un i fradychu cyfrinach – ond dywedir mai'r geiriau cyntaf a glywodd o enau'r crogedig Mr Aneurin Morgan ap Humphreys-Jones oedd, *'The little shits will pay for this.'*

Ond go brin y byddai dyn mor neis yn dweud ffasiwn beth.

Mae prawf fwy pendant o eiriau Catz yn sedd ôl Myrc coch y bu ei yrrwr yn ddigon o ŵr bonheddig i gynnig lifft iddynt wrth eu gweld yn rhuthro allan o'r llyfrgell a sŵn seirans heddlu yn agosáu.

'Chwarae?' meddai. 'Roedd hi fatha giât.'

14

Colofn Colyn Pigog

gan Colyn B. Jones
[gan Glyn Evans, 1969]

Ar ras

Dros y Pasg bûm yng ngorllewin gwyllt y Prif Gwnstabl
Brunstrom, gan ddisgwyl gweld rhesi o geir syber a chymedrol
yn tramwyo'r priffyrdd – gan fy mod innau yn un sy'n
cymeradwyo safiad y brawd ar reoli cyflymdra cerbydau.

Ond ga'i ofyn pam y gall ymddangos fod Mr Brunstrom a'i
weision yn goddef i yrwyr faniau gwynion *transit* a gyrwyr loris
mawr ddilyn rheolau ffordd fawr tra gwahanol i'r gweddill
ohonom?

Tra ydym ni'n ufuddhau i'r arwyddion tri, pedwar a phum deg
di-ri sydd yn yr ardal mae'r gyrwyr hyn yn gwibio heibio inni
ddegau o filltiroedd yr awr yn uwch na'r cyfyngiad, ac yn gwbl
ddi-feind o unrhyw gamera neu gosb.

A chynharaf yn y dydd yw hi, cyflyma'n byd maen nhw'n rasio
a hynny heb ymyrraeth unrhyw blismon.

Gaf i awgrymu mai annhegwch fel hyn sy'n gwneud pobl yn
flin gyda pholisïau gyrru sy'n golygu fod rhai ohonom yn cael
llythyr cas dim ond o deithio rhyw bum milltir yr awr yn ormod
wrth gyrraedd camera, tra bo'r gor-yrru go iawn a gwirioneddol

93

beryglus fel pe byddai'n mynd yn ddi-gosb a heb ei reoli na'i rwystro?

Llathen o gownter

Wedi digwydd galw mewn siop geriach ail-law oeddwn i, a chael y perchennog yn cwyno'n groch. Cwyno fod cymaint o bobl yn galw yno!

'Maen nhw'n dod i mewn yma,' medda fo yng nghanol ei dryblith trugareddau, 'ac yn rhyfeddu at y petha diddorol yma. On'd ydy hon yn siop ddifyr? ac ati.

'Ond dydi'r un o'r diawled yn gweld y pethau mor ddiddorol ag i brynu yr un ohonyn nhw. Dim ond edrych arnyn nhw,' ychwanegodd.

Ie, bagad gofalon siopwr.

Set grefyddol

Fe'm synnwyd gan yr holl sôn ar y teledu mewn gwlad anghydffurfiol am farwolaeth y Pab.

Er na chafodd gymaint o sylw â'r Dywysoges Diana cafodd eithaf haeddiant.

Hynny, er i mi dybio fod y teledu wedi hen baganeiddio.

Er enghraifft, wythnos cyn ei farw, bach iawn o sylw a gafodd prif ŵyl Gristnogol y Pasg ar y telibocs.

Yn wir, ni ddangosodd yr un sianel deledu eleni un o'r ffilmiau mawr a gysylltir â'r Pasg – The Robe, Quo Vadis, King of Kings neu The Greatest Story Ever Told.

Dim hyd yn oed Ben Hur.

Siwtio neb

Go brin fod hyn yn rhywbeth gwerth sôn amdano ond flynyddoedd yn ôl prynais siwt Eidalaidd, ei gwisgo i fynd i gêm rygbi, cael trochfa mewn cawod drom a chanfod fod y siwt wedi crebachu gymaint ar ôl sychu nad oedd yn fy ffitio mwyach. Anniddorol ta be? Ond yn enw popeth, peidiwch â dweud am y digwyddiad wrth S4C neu fe fyddan nhw acw eisiau gwneud rhaglen deledu amdanaf i gyda Nia Parry.

Erbyn meddwl, mae stori fy siwt i yn ddifyrrach na dim arall a welais ar y gyfres erchyll a siwdaidd honno hyd yn hyn.

Rhowch hi'n ôl yn y wardrob, Nia fach.

Bargeinion

Cefais gatalog lliwgar gan gwmni'r *Reader's Digest* y dydd o'r blaen – a digon o ddogfennau i fod eisiau twrnai i'w trafod nhw.

Llyfrau drud oedd yn y catalog ond fydda i ddim yn prynu.

Hynny yw, oherwydd imi sylwi fod silffoedd siopau elusen ar hyd a lled Cymru yn frith o lyfrau *Reader's Digest* yn cael eu gwerthu am geiniogau yn hytrach na'r degau o bunnau a dalodd y prynwyr gwreiddiol amdanyn nhw.

A hynny'n gwneud i mi holi: ai llyfrau nad yw pobl yn gweld gwerth yn eu cadw yw rhai'r cyhoeddwr hwn?

Jiw jiw

Sut felly yr aeth syniad ar led fod Huw Duw Edwards yn chwarae rhan Y Goruchaf mewn perfformiad am Ddiwygiad 04-05 yn Abertawe?

Yn ôl llythyrwr a welodd y cynhyrchiad, sylweddolodd o ddim mai dyna'r rhan. Ystyriai ef lais y teledwr megis llais storïwr.

Trwy ddirgel ffyrdd – oes gan rywun weledigaeth?

Benyweiddio

Gobeithio i holl ffeministiaid Cymru glywed sgwrs Gwenda Griffith ar *Beti a'i Phobl* ddydd Sul.

Braf clywed merch – a gyflawnodd gymaint mewn meysydd arferai fod yn rhai eithaf gwrywaidd – yn gwrthod enwi unrhyw fudiad neu syniadaeth ffeministiaeth yn sbardun.

Yn syml, dywedodd iddi weld pethau yr oedd am eu gwneud – ac nid yn unig fynd rhagddi i'w gwneud ond eu gwneud yn llwyddiannus.

A thrwy hynny brofi fod gan ferched y medr i lwyddo ac i gystadlu'n llwyddiannus â dynion.

Byddai'n iechyd i'r rhai hynny sy'n meddwl fod angen creu amgylchiadau mwy ffafriol i ferched lwyddo – a'r rhai hynny sy'n pledio rhagfarn fenywaidd gadarnhaol – gael gair efo Gwenda.

Epistolau pwy?

Mae'r byd Cristnogol yn enwog am ei lythyrau – cofiwch Paul a'r Galatiaid.

Ond, yn wir, yn wir, nid yw colofnau papur enwadol yn rhywle lle y byddwn i'n disgwyl gweld cwynion am lythyrau dienw.

Ond dyna hanes *Y Goleuad* a fu'n derbyn epistolau dienw ynglŷn â cholofn farddol y papur:

'Tybed a yw awduron y llythyrau dienw sydd wedi eu hanfon at y Golygydd yn sylweddoli fod cynnwys *Y Goleuad* yn cael ei drefnu beth amser ymlaen llaw,' meddai nodyn yn y papur yr wythnos o'r blaen gan ychwanegu:

'Ni fydd colofn y beirdd yn ymddangos am gyfnod; felly prin fod angen llythyrau o'r fath.'

Nid gresynu am bresenoldeb neu absenoldeb colofn Norman Closs-Parry yr ydw i.

Ond gresynu na chyhoeddwyd llythyrau'r Presbyteriaid dienw gan eu bod yn swnio'n ddifyrrach na dim arall sydd yn *Y Goleuad*!

Y Glyn direidus ym 1955.

Glyn yn ddeuddeg oed ac
yn ei ddillad gorau.

Glyn wedi darganfod
ffrind newydd ar
ymweliad â thre glan
y môr.

Anifail arall aeth â'i
fryd y tro hwn!

Pedwar o hogia direidus
Ysgol Gyfun David Hughes.

Hogia Ysgol David Hughes yn edrych yn dra difrifol y tro hwn,
ac mae Glyn wedi colli ei grys yn rhywle.

Glyn yn dangos ei gryfder!

Prif ddisgyblion Ysgol David Hughes – Glyn a Linda Jones –
ar ddiwrnod agoriad swyddogol yr ysgol.

Hogyn y wlad.

Myfyrio yn yr ardd tra'n fyfyriwr yng Nghaerdydd.

Sandy, gwraig Glyn, ar y gwyliau enwog lle wnaethon nhw
gyfarfod am y tro cyntaf.

Y cwpwl ifanc ym 1967.

Glyn y tu allan i swyddfa'r *Cymro* yng Nghroesoswallt.

Y ddau oedd wedi gwirioni ar ei gilydd.

Sandy a Dyfan bach.

Y teulu hapus. Glyn, Sandy, Dyfan, Bethan a Catrin.

Glyn – y newyddiadurwr ifanc.

Gwên hyfryd Sandy.

Dad yn dangos dirgelion y camera i'r plantos.

Y plantos gyda'r geifr yn eu cartref ym Mhenisa'r-waun.

Catrin yn edrych braidd
yn amheus o'r afr!

Dyfan a'r oen
yn cael cwtsh.

Priodas Tegwyn a Margaret Roberts – Glyn yn was priodas.

Ffrindiau yn gwenu'n braf ar ddiwrnod priodas Tecs a Margaret.

Glyn, a'i farf yn dwt!

Golygydd Y Cymro gyda dwy o'i ohebwyr – Lois Eckley (chwith) a Lowri Rees-Roberts.

Yn barod amdani
ar y Maes!
(Llun: Tegwyn Roberts)

Mwynhau hoe yn yr haul yng nghwmni Elin Angharad.

Glyn wrth ei waith yn yr Eisteddfod.
(Llun: Jeannie Wyn Williams)

Darganfod eneidiau hoff cytûn yn ystod ei ymweliad
â Phatagonia!

Paratoi cig oen ym Mhatagonia.

Yng nhanol criw o ffrindiau newydd ym Mhatagonia.

Glyn a'r teulu yn 2013.

Crafu a phigo

Glyn Evans

Be mae rhywun i'w wneud o Colin B. Jones?

Er iddo roi'r gorau i sgrifennu i'r *Cymro* ers sawl pobiad mi gafodd o fwy o sylw yn Eisteddfod Y Bala na sawl un sy'n dal i sgrifennu i'r wasg Gymraeg.

I'ch atgoffa. Fo oedd y colofnydd clecs nad oedd *Y Cymro* ei hun i'w weld yn siŵr iawn sut i sillafu ei enw. Weithiau yn Colin B. Jones, weithiau'n Colyn B. Jones, weithiau'n Colin Pigog, dro arall yn Colyn Pigog.

Beth bynnag, er iddo 'farw' yn newyddiadurol rai misoedd yn ôl yr oedd mor fyw ag erioed yn y Bala lle'r oedd yn destun cystadleuaeth yn cael ei beirniadu gan Lyn Ebenezer – 'Deuddeg o ddarnau byrion, crafog yn null Colin B Jones . . .' ac yn y blaen.

Ac, yn wir, fe ddarganfu Lyn olynydd a ystyriai'n deilwng i'r Pigog – sef Vaughan Hughes sydd bellach yn un o olygyddion *Barn* ac yn un o'r cystadleuwyr ar gystadleuaeth newyddiadurol arall yn yr Eisteddfod y dewisodd ei beirniad – William H. Owen a fu'n olygydd ar y Colin Jones go iawn yn *Y Cymro* – atal y wobr ynddi.

Ta beth, a welwn ni'r Colin yn ymuno â *Barn* yn awr ei argyfwng grant presennol?

97

Yn wir, a fyddai ei wraig yn caniatáu hynny? Achos erbyn hyn mae ganddi hithau, Colleen B. Jones, ei cholofn ei hun yn y cylchgrawn newydd *WA-w!* a sefydlwyd gan Lowri Rees-Roberts o Lanuwchllyn – a fu unwaith ar staff *Y Cymro*.

Ac os ca i ddweud, mae hi'n llawer tebycach i'r Colin B. o ran arddull na Vaughan Hughes – ond dyna fo, mae ganddi hi'r fantais o fod yn rhannu gwely â'r pigwr!

Ac maen nhw'n dweud nad oes yna lawer o fywyd yn y byd newyddiadurol Cymraeg.

Wel, os does 'na ddim bywyd mae 'na ddigon o grafu a phigo.

Tybed oes gan Colin fab neu ferch . . .?

Colofn Colleen

Gwraig yr hen Colin B. yn dweud ei dweud . . .

(Cylchgrawn *WA-w!*, Mai 2011)

(gan Glyn Evans)

Mwy a mwy

Colin wedi gwirioni efo *burkini* Nigella Lawson.

Dwi'n dallt pam. Dyna'i hanes yntau mewn trowsus nofio.
Edrych yn dipyn o *berk*.

Cymry'r canmol

Oni wnaeth hogia ni yn dda?

Huw Edwards ar deledu'r biliynau, Rhun ap Iorwerth mewn
gwên a siwt ar Es Pedair Clec. Y ddau yn haeddu medals am lyfu
platiau'r briodas fawr.

A phwy a ŵyr na ddaw yna un, y tro nesaf y bydd y Frenhines
yn anrhydeddu'r rhai sy'n plesio?

Wrth gwrs ein bod ni'n falch ohonyn nhw a'u tebyg.

Newid meddwl

Un diwrnod yr oedd Y Ddau o Fôn yn stwffio'u hunain i lawr
cyrn gyddfau biliynau'r byd.

Drannoeth y gyfogfa fawr wele neges o'r Palas yn gofyn inni
barchu preifatrwydd y ddau yn awr eu bod yn briod.

Dewis gwirion

Sut daethoch chi mlaen â'r pleidleisio?

A V ynteu Ach A V oedd hi yn tŷ chi? Cyn y bleidlais fawr gwelais ddisgrifio AV fel y ffordd *grown up* o bleidleisio.

Da i ddim, felly, ar gyfer dewis Aelodau Seneddol sy'n cyson ymddwyn fel plant bach.

Hold tait

Hwn oedd yr etholiad hefyd pryd cafodd Ieuan Wyn Jones ei ddisgrifio fel 'Taid y Genedl' ar ôl cael tynnu'i lun efo'i wyrion.

Hynny'n llawer gwell na chael ei gyhuddo o fod yn dipyn o hen nain siŵr o fod.

Tân tro nesaf

Dridiau cyn y bleidlais fawr bryniau Cymru yn wenfflam o danau eithin.

Trueni na fu yna dipyn bach mwy o dân yn yr ymgyrchu seneddol hefyd.

Tro nesa ella.

Ti hi, ti pi, pi-pi

Gweld y newyddion yn y *Wales on Sunday* i Rhys Ifans fod ar wyliau mewn pabell yng Ngheredigion gydag Anna Friel.

A chael ei weld yn dod allan o'i *depee* yn ei drôns – a dianc yn ôl i mewn o sylweddoli ei fod yn cael ei weld.

Newyddion o bwys i bapur mewn unrhyw wlad.

Tybed, y dyddiau gwleidyddol hyn, ai wedi camddeall Lyndon B. Johnson oedd Rhys – pan ddywedodd hwnnw ei bod hi'n well ganddo fo gael J. Edgar Hoover yn y dent yn pi-pi allan nag oddi allan yn pi-pi i mewn – a'i fod o ar ei ffordd allan i bi-pi?

Ta waeth, un peth da; arhosodd am wyliau yng Nghymru – faint arall o'n sêr llawer llai disglair all ddweud hynny?

Prydyddol

Un o ddigwyddiadau pwysig Eisteddfod yr Urdd yn Abertawe ddiwedd y mis yma fydd cyhoeddi enw Bardd Plant Cenedlaethol Cymru.

Swydd werth chweil sydd wedi ennyn fy niddordeb i ers ei chychwyn.

Ac yr oedd yn wefreiddiol darllen yn rhifyn Ebrill 15 o'r *Cymro* gynnyrch a luniwyd mewn gweithdy e-bost a drefnwyd rhwng y bardd presennol, Dewi Pws, ac ugain o ysgolion a fanteisiodd ar ei arweiniad gyda'r enghraifft hon yn cael ei dyfynnu:

> Rwy'n hoff iawn o fwyta cawl pys,
> Sy'n gwneud i fi wynto o hwys.
> Trueni am hynny,
> Rwy'n wir wedi synnu
> Fod neb wedi galw'r polîs.

Ie, cynllun yw un Bardd Plant Cymru na all ond mynd o nerth i nerth.

Etholiadol

Rhyw drio dyfalu oeddwn i sut oedd y rhai hynny yng Nghymru a bleidleisiodd o blaid pleidlais AV yn meddwl y gallai hynny weithio.

Wedi'r cyfan, a ninnau gydag un o'r cyfundrefnau addysg gwaethaf yn y byd mae'n syndod bod y Cymry yn medru dygymod â dewis un ymgeisydd heb iddyn nhw orfod rhoi tri, pedwar, pump ac weithiau fwy mewn trefn.

Dyna ichi rywbeth i gadw Mr Mahemet ar ei draed nos.

Synnwyr cyffredin

Onid oedd Huw Llywelyn Davies mewn peryg o fod yn nawddoglyd gyda'i fêl o ganmoliaeth i'r defnydd o Gymraeg ar wefan clwb rygbi Glynebwy?

A Derwyn Jones wedyn, wrth amenio, yn canmol y sawl oedd yn gyfrifol am siarad 'yn synhwyras' bob amser.

Swnio'n dipyn o wefan i mi – oni bai mai 'synhwyrol' oedd o'n 'i feddwl.

Isa'n byd – gora'n byd

Mi gymrais i mai enghraifft arall o Es Pedair Clec yn taflu unrhyw hen stwnsh at rywun dros y gwyliau oedd dangos gemau rygbi rhwng timau diarffordd fel Aberafan, Glynebwy, Pontypridd ac ati dros y Pasg a Chalan Mai diwethaf.

Ond wyddoch chi be, cafwyd gemau llawer iawn gwell rhwng y timau hyn nag a gafwyd yn ddiweddar rhwng timau mawrion y rhanbarthau, Caerdydd, y Gweilch a'r Scarlets sydd wedi perffeithio'r ddawn o ollwng y bêl jyst cyn sgorio.

Yr oedd gêm nos Lun Calan Mai yn un hynod o gyffrous rhwng Aberafan a Phontypridd gyda mwy o gyffro, ymroddiad a dawn nag ambell i gêm genedlaethol ddiweddar.

Yn amlwg mae cwestiynau i Undeb Rygbi Cymru fynd i'r afael â hwy am gyflwr ein gêm genedlaethol ar y brig a pham bod cymaint mwy o awch ymhlith y timau llai.

Ac onid ydi o'n arwyddocaol hefyd mai'r un tîm mawr sy'n gwefreiddio amlaf yw'r un isaf y parch ato ymhlith yr arbenigwyr, Dreigiau Gwent, sydd wedi curo yn eu tro y rhanbarthau Cymreig eraill mwy ffasiynol i gyd gan orfodi'r sylwebwyr i gydnabod, er eu gwaethaf yn aml, fod hwn yn dîm sy'n berwi o wefr, brwdfrydedd, ymroddiad ac awydd i chwarae rygbi fel y dylai gael ei chwarae.

Pipo mas

Darllen bod cymaint o arglwyddi yn Nhŷ'r Arglwyddi erbyn hyn nad oes yna ddigon o le iddyn nhw i gyd. Mae hi mor ddrwg mae yna giwio mawr ar gyfer y tai bach. Dyna pam maen nhw'n cael eu galw yn *peers* mae'n debyg.

Man a lle

Ar ôl clywed bod cwmni Apple yn gwybod yn union lle mae defnyddwyr iPhone bob awr o'r dydd a'r nos mi ruthrais allan i brynu un i Colin y gŵr.

Yn y gobaith y medar o ffonio rhywun pan fydd o wedi anghofio pam yr aeth o i fyny'r grisiau.

Wrth gwrs nid pawb sydd angen cymorth o'r fath. Mae rhai yn gwybod yn iawn lle maen nhw heb gymorth Apple. 'Dwi ar y trên . . .'

So chi'n dallt

'Yr ydan ni'n cael noson go danllyd,' meddai Dewi Llwyd yn ystod rhifyn etholiad o *Pawb yn Fwrn*, Ebrill 21.

Dyn hawdd ei gyffroi mae'n amlwg. Does ond gobeithio nad ydi o'n bwriadu fy ngwahodd i barti yn ei gartref . . .

Tipyn o hwn a'r llall

Mae gwefan newydd yn Sbaen wedi bod yn destun cryn gythrwfl.

Gwefan i helpu gwragedd ddod o hyd i gariadon y tu allan i'w priodas.

'Dydach chi ond yn byw unwaith ac yr ydym am eich helpu i fyw bywyd i'w ymylon trwy sefydlu'r man cyfarfod cyffrous a chyfeillgar hwn i sbeisio'ch byw bob dydd,' meddai'r trefnwyr.

Cryn gam ymlaen o fynd allan liw nos efo lantarn mae'n

amlwg, gan wneud i rywun holi tybed oes yna le ar gyfer rhywbeth o'r fath yng Nghymru fach.

'Yr ydym yn cynnig awyrgylch lle gallwch chi gael hwyl, fflyrtio, dod i adnabod rhywun a chael affêr un ai yn agos adref neu'n bell i ffwrdd,' meddan nhw.

Swnio'n addawol – neu, wrth gwrs, fe allech chi drio cael job efo'r Cyfryngau.

Amlhau geiriau

Synnu braidd clywed nad ydi Fabio Capello, rheolwr tîm pêl-droed Lloegr, ond yn defnyddio cant o eiriau i gyfathrebu â'r chwaraewyr.

Synnu, hynny yw, bod pêl-droedwyr Lloegr yn deall cymaint â hynny o eiriau.

Nic NAcs

Cyn mynd rhaid imi gyfaddef imi fod yn poeni'n go arw o glywed am y ddeddf newydd yna a gyflwynwyd yn Ffrainc yn gwahardd merched rhag gwisgo'r nicâb ar y strydoedd.

Ofn gweld yr un peth yn digwydd yma.

Nes imi sylweddoli nad y gair Ffrangeg am nicyrs ydi nicâb.

17

Dad, y Taid

Bethan (Catrin a Dyfan)

Byddai ei lygaid yn pefrio, llygaid plentyn yn pefrio oedd llygaid Dad a byddai'r llygaid hynny yn goleuo pan fyddai'n trafod yr wyrion a'r wyresau. Roedd ei rôl fel Taid yn hollol bwysig iddo.

O'r cychwyn cyntaf byddai Dad yn rhoi cant y cant o'i amser i'r plant ac os digwydd bod yn gwarchod fe fyddai'n rhybuddio'r rhai hynny a fyddai'n debygol o ffonio neu o alw draw i beidio â gwneud hynny gan y byddai'n cymryd y cyfrifoldeb o ddifrif ac yn dianc i fyd y plant. A hwythau'n cael yr un modd o fod yn ei gwmni yntau. O'r dyddiau cynnar ni fyddai'n bryderus am warchod a byddai ei ofal am bob un ohonynt yn arbennig.

A byddai bob amser yn treulio'r diwrnod yn gwneud amrywiaeth o bethau, ac ni fyddai gwylio'r teledu yn rhan o'r arlwy oedd ar gyfer y plant, ond darllen a mynd am dro, mynd i'r ysgol Sul a phob math o bethau eraill ac ar ddiwedd y dydd byddai yntau a'r un bychan wedi blino'n lân.

Dw i mor falch bod fy merch Gwenan wedi cael cyfarfod fy nhad, dw i'n cofio imi ofyn iddo pan oeddwn yn ei disgwyl iddo ddarllen iddi hithau fel y byddai'n gwneud i ninnau. Byddai ei storis yn fyw, yn llawn cymeriadau a phob un o'r cymeriadau gyda'i lais unigryw ei hunan. Cafodd Gwenan yr un wefr â ninnau yn gwrando ar y lleisiau ac yn mwynhau'r straeon oedd yn llawn dychymyg byw a byddai ei lygaid yn disgleirio wrth ddweud y stori yn union fel petai'n credu'r geiriau ei hun.

Byddai Courtney, Kayla ac Yasim, plant Dyfan, yn cael yr un wefr yng nghwmni Taid ac fe fyddai bob amser yn treulio amser yn coginio gyda nhw, a hwythau wrth eu boddau yn ei gwmni yntau yn gwneud cacennau. Byddai'n gwneud pob math o bethau, o sgons i deisennau i hyd yn oed cacennau'r dylwythen deg, a byddai stori'n cyd-fynd â phob resipi.

Un o uchafbwyntiau'r wythnos i'r teulu cyfan oedd cael dod i Brestatyn i dŷ Dad i gael cinio dydd Sul, roedd yn giamstar ar wneud cinio dydd Sul a dywedodd y teulu mai ganddo fo roedd y resipi grefi mwyaf blasus yn y byd, ac mae pob un ohonom yn edifar na chawsom wybod beth oedd y cynhwysion arbennig. Roedd wrth ei fodd yn paratoi pryd o fwyd ar gyfer y teulu i gyd a chael pawb gyda'i gilydd o amgylch yr un bwrdd i drafod ein hwythnos ac i dynnu ar ein gilydd.

Roedd Cara a Hywel (plant Paul) yn mwynhau yng nghwmni Taid Prestatyn, a dros gyfnod y Nadolig byddai'n tyfu barf eithaf hir a hynny o bwrpas gan eu bod yn credu ei fod yn debyg i Siôn Corn a'i wên bob amser yn gynnes ac yn garedig.

Byddai gan Dad wastad gêm i'w chwarae gyda'r plant, gêm wahanol i unrhyw gêm arall – a phan fydden ni'n mynd i Gaernarfon i weld Catrin fe fyddai'n gwneud *countdown* gyda'r twneli a hynny'n cynhyrfu Gwenan yn lân, ac yna byddai'n cychwyn dynwared y ci Jack Russell sydd gan Catrin a dweud ei bod yn dechrau cynhyrfu yn gwybod eu bod nhw ar y ffordd yno. Roedd Gwenan wrth ei bodd a'r wên ar ei hwyneb yn cyfleu'r cyfan. Roedd Dad wrth ei fodd hefyd yn dianc i fyd plentyn a nhw'n dianc i'w fyd dychmygol yntau hefyd.

Byddai'r plant i gyd yn cael gwefr o fod yn ei gwmni, nid yn unig cael cyfle i goginio a darllen straeon ond hefyd byddai'n mynd â nhw i wahanol lefydd, ar deithiau bach arbennig i'r llyfrgell leol a hefyd i fowlio deg. A byddai yna hwyl i'w gael yno gan y byddai Dad ar ei orau yng nghwmni'r teulu, yn tynnu coes yr hen blant, ac yn gwneud iddyn nhw chwerthin. Un o'r jôcs yn aml fyddai dweud wrthynt am geisio yfed heb roi trwyn yn y gwpan! A byddai'r plant yn treulio amser yn ceisio cyflawni'r weithred ac yntau wrth ei fodd yn eu gwylio.

Yn aml iawn byddai Dad yn mynd â'r plant i wahanol ddigwyddiadau yn yr ardal gan y byddai'n eu gwarchod.

Mae Gruff Roberts ym mhapur newydd *Y Glannau* yn disgrifio cymeriad Dad gyda Gwenan: 'Ym more coffi *Y Glannau* y gwelais i Glyn am y tro olaf. Roedd ei wyres fach o Dreffynnon gyda fe a'i ffordd annwyl o ymdrin â hi yn siarad cyfrolau amdano.'

Byddai pob un o'r plant yn cael stôr o wybodaeth wrth dreulio amser yng nghwmni Dad, a phan fyddai Gwenan yn gofyn cwestiwn oedd yn anodd ei ateb, neu angen esboniad go drylwyr, byddwn yn dweud wrthi,

"Nawn ni ofyn i Taid Prestatyn.'

'Ydi, mae Taid Prestatyn yn gwybod bob dim,' oedd ei hateb hithau.

Cyfaill, mentor, athro

Sian Gwynedd

Gyda'r *Cymro* y ces fy swydd go iawn gyntaf. Roedd Glyn Evans yn fos arna i yn swyddfa'r *Evening Leader* yn yr Wyddgrug a'r ddau ohonan ni yn sgwennu, yn siarad ac yn trafod o fore gwyn tan nos.

Roeddwn wedi dod adre o'r coleg gyda gradd mewn pwnc oedd yn ddigon diddorol ond ymhell o fod yn alwedigaethol a dim llawer o syniad be oeddwn i am wneud. Gwelodd Mam hysbyseb am swydd gyda'r *Cymro* a gan fy mod i wastad wedi mwynhau sgwennu, a chyn i fi allu meddwl am ddigon o esgusodion, roedd ffurflen wedi ei llenwi ac roedd gen i gyfweliad hefo Glyn Evans, Golygydd *Y Cymro*.

A bod yn hollol onest dydw i ddim yn cofio beth oedd fy argraffiadau cyntaf o Glyn, fymryn yn swrth a rhy brysur i gynnal cyfweliadau o bosib, ond wrth edrych 'nôl ar y swydd gyntaf yna fel gohebydd gyda'r *Cymro* mae'r atgofion yn rhai hapus iawn. Atgofion o weithio'n galed, o ysgrifennu am bob math o bynciau bob dydd, o deithio benbaladr i gyfweld hwn a'r llall, o ddarllen llyfrau a'u hadolygu, o adolygu dramâu – ond yn fwy na dim arall o ddysgu'r grefft o newyddiadura dan arweiniad gofalus Glyn.

Roedd ymroddiad ac egni Glyn yn heintus. Roedd o'n gystadleuol, roedd o am i'r *Cymro* fod yn bapur oedd yn werth ei ddarllen bob wythnos. Roedd o am i'r darllenwyr ddarllen heibio'r ddwy frawddeg gyntaf, 'os nad ydech chi yn cael nhw yn fanne, does 'na'm gobaith.' Ac er mai prin iawn oedd yr adnoddau ar wahanol adegau roedd Glyn wastad yn llwyddo i lenwi'r papur gyda chynnwys difyr a'i gael o allan ar amser.

Roedd yn athro amyneddgar, ond os nad oedd rhywbeth yn ddigon da fe fyddai Glyn yn dweud hynny, yn ddigon di-flewyn-ar-dafod ar adegau, ac yn mynd ati i ailsgwennu a golygu nes bod y cynnyrch gorffenedig yn werth ei ddarllen.

Roeddwn i'n awyddus i ddysgu a gwneud argraff a byddwn yn codi'n gynnar bob bore a gyrru o'r Bala i'r Wyddgrug gan gyrraedd ymhell cyn 8 fel arfer. Ond wnes i ddim erioed gyrraedd y swyddfa cyn Glyn. Erbyn i mi gyrraedd bob bore roedd o wedi ysgrifennu erthyglau lu, wedi golygu erthyglau eraill a'u gwella, wedi dod o hyd i luniau addas, wedi cysodi tudalennau ac yn eistedd gyda'i draed i fyny ar y ddesg yn llawn syniadau am yr hyn oedd angen ei wneud am weddill y diwrnod.

Pan ddechreuais i fy mhrentisiaeth roedd Elena Morus, Glyn a fi i lawr grisie yng nghanol criw yr *Evening Leader* a'r *Wrexham Leader* a Llion Griffiths a Catrin Williams yn casglu hysbysebion i fyny'r grisiau hefo'r criw 'ads'. Ganol bore roedd hi'n amser paned a'r tair merch yn eu hugeiniau cynnar yn cymryd y cyfle i dynnu coes Glyn. Fe fydde fo yn cael gwybod pob manylyn am nosweithiau allan a phopeth arall a dwi'n siŵr iddo gael ei fwydro'n racs ar adegau. Ond dwi hefyd yn meddwl ei fod o wrth ei fodd yng nghanol y clecs. Mi oedd 'na lot fawr o chwerthin a Llion reit amal yn gorfod rhedeg ar draws y stafell i ddweud wrthan ni am fod yn dawel!

Cyn cael fy hel allan i wneud unrhyw gyfweliad fe fyddai Glyn yn mynd drwy'r cwestiynau posib, gwneud yn siŵr bod 'na baratoi trylwyr wedi bod, ac yn olaf fy mod yn gwybod y ffordd!

Damcaniaeth Glyn, dwi'n credu, oedd bod modd gwneud stori ddifyr am unrhyw bwnc os gofynnech chi'r cwestiynau cywir.

Ar bnawniau Mawrth a Mercher os nad oedd stori dda ar gyfer y dudalen flaen fe fyddai Glyn yn troi ei gadair fawr ac yn dechrau ffonio. Doeddwn i byth yn siŵr iawn pwy oedd ar y ffôn wrth i Glyn fwmblan siarad yn dawel ond ymhen dim roedd 'na stori a phennawd i'r dudalen flaen! A'r cysylltiadau teyrngar wedi edrych ar ei ôl!

Pan gefais i gynnig swydd yn ymchwilio i'r BBC yng Nghaerdydd roedd rhaid dweud wrth Glyn fy mod yn gadael *Y Cymro*. Ar ôl ymarfer yr hyn roeddwn i am ddweud dyma ofyn i Glyn a fuaswn yn gallu cael gair ac egluro mod i wedi cael cyfle i gael swydd yng Nghaerdydd a fy mod yn ystyried derbyn, a'r dagrau yn dechrau llifo wrth i fi egluro fy mod yn hapus iawn ac yn mwynhau yn arw ond yn gweld cyfle i wneud swydd ychydig yn wahanol. Roedd Glyn yn ddigon di-ffŷs yn ei ymateb, "Na fo, does 'na neb yn *indispensable*, mi fydd *Y Cymro* yn dal i fynd. Falle fydd o ddim cystal am 'chydig ond mi fydd o'n dal i fynd.'

Dyna un o'r gwersi pwysicaf i fi erioed ei chael ac mae'r geiriau a'r wers wedi aros gyda fi drwy gydol fy ngyrfa.

Mi ddywedodd o hefyd ei fod am ofyn am dâp ohona i yn siarad i'w chwarae yn y swyddfa tra oedd o'n gweithio, gan ei fod wedi arfer gymint hefo'r sŵn yna yn barhaus y byddai'n anodd iawn iddo arfer hebddo!

Ar fy wythnos olaf dyma Glyn yn dod draw i'r ffarm ym Maes-y-waun am bryd o fwyd hefo'r teulu ac anrheg ffarwelio hefo fo. Cadw-mi-gei mochyn potyn, maint mochyn go iawn, a digon o sylwadau ffraeth am gyflogau breision y BBC!

Flynyddoedd lawer wedyn pan ddaeth Glyn hefyd i weithio i'r BBC i ysgrifennu erthyglau ar gyfer y we roedd yn byw yng Nghaerdydd am beth amser cyn symud 'nôl i'r Gogledd. Fe fydden ni weithiau yn mynd allan am ginio neu baned a dwi'n cofio droeon Glyn yn dweud ei fod yn eithaf mwynhau ysgifennu i'r we a'i fod wedi cyfarwyddo hefo'r dechnoleg yn rhyfeddol. Ond ychwanegodd mai dyn papur newydd fydde fo am byth, ac nad oedd 'na ddim byd yn curo byseddu'n ofalus trwy dudalennau papur newydd gyda'ch geiriau chi mewn print yn ei lenwi. 'Dydi cyfrifaduron ddim yn rhoi yr un wefr i rywun rywsut' fydde fo'n ddweud.

Fyddwn i wedyn yn gweld Glyn ym mhob Eisteddfod a chael paned a dal i fyny a rhoi'r byd yn ei le a Glyn ishio gwybod am bawb a phopeth! Yn Eisteddfod Dinbych y dydd Gwener cyn i'r Eisteddfod ddechrau dyma gyrraedd y maes parcio a pwy neidiodd i mewn i'r car ond Glyn a fanno fuon ni am awr dda yn siarad am dwn-i'm-be wrth feddwl 'nôl, ond dwi'n gwybod i ni forio sgwrsio yn rhwydd am bopeth dan haul a mwynhau cael amser a llonydd i wneud hynny. I hel atgofion a hefyd i chwerthin wrth iddo sôn am anturiaethau diweddaraf Gwenan, yr wyres fach.

Dywedodd yr adeg yna nad oedd ei iechyd yn wych a doedd o ddim yn siŵr am ba hyd y byddai'n gallu dal ati i weithio yn yr Eisteddfodau. Finnau'n tynnu coes nad oedd hi'n Steddfod heb Glyn yna.

Pan gefais i ddyrchafiad yn y BBC rai blynyddoedd yn ôl dyma nodyn e-bost gan Glyn yn syth yn llongyfarch yn ddiffuant, ac ôl-nodyn bach ar y diwedd: 'Oes angen i chi siarad llawer yn y swydd hon? Os felly byddwch yn sicr yn llwyddo.' Doedd hiwmor sych a direidi Glyn byth yn bell iawn.

Mi oedd Glyn a fi, ers fy nyddiau ar *Y Cymro*, am ryw reswm yn dal i anfon cerdyn ac anrheg Nadolig at ein gilydd bob blwyddyn. Fi yn trio meddwl am amrywiaeth o bethau fyddai o bosib yn tycio – llyfr hunagofiannol, parau o sanau neu sgarff gynnes neu ambell botelaid o win. Ond llwyddai Glyn bob blwyddyn yn ddi-ffael i ddewis y llyfr perffaith. Nadolig 2013, copi o hanes cartwnau y cylchgrawn dychanol *Private Eye* a nodyn gan Glyn yn nodi mai dyma'r union beth i godi gwên ar ôl blwyddyn ddigon cythryblus yn y gwaith. Ac roedd o'n iawn. Mae'r llyfr yn dal i godi gwên wrth i fi hel atgofion am Glyn a'r hiwmor dychanol oedd ganddo.

Er nad oeddwn i'n gweld Glyn mor amal â hynny, mae gen i hiraeth mawr wrth feddwl amdano. Roedd yn gyfaill oedd yn garedig, yn feddylgar a bob amser yn gwmni difyr; roedd yn fentor ac yn athro oedd yn meithrin ac yn annog ac yn bugeilio'n driw dros y rhai y bu'n eu dysgu.

Roedd o'n newyddiadurwr gwych a'i gyfraniad i newydd-iaduraeth yn y Gymraeg mor bwysig.

Roedd Glyn hefyd yn awdur oedd wastad yn llwyddo i gadw sylw ei ddarllenwyr heibio'r ddwy frawddeg gyntaf hollbwysig yna – ac fe fyddai wedi bod yn falch iawn o gael ei gofio am hynny.

19

Meddai'r Cymro . . .

gan Glyn Evans

(Colofn olygyddol *Y Cymro*, Awst 1988)

Nid oes fawr o amheuaeth na fu i Awdurdod Datblygu Cymru weithredu braidd yn fyrbwyll – ac yn sicr yn annoeth – wrth hel Dr Carl Clowes adref o'i waith oherwydd bod achos llys yn ei erbyn.

Er nad oes gennym ni yr hawl i wneud unrhyw sylw ynglŷn â'r achos yn erbyn Dr Clowes a 13 arall oherwydd y ddeddf *sub judice*, y mae mwy o huotledd yn perthyn i weithred y WDA na mil o eiriau gennym ni a'n tebyg. Ac er nad yw'r Awdurdod yn torri llythyren y ddeddf honno efallai, y mae'n troseddu'n foesol.

Y mae Dafydd Iwan yn llygad ei le wrth ddweud fod rhywbeth yn sinistr ynglŷn â'r weithred oherwydd yr arwyddion yw i'r Dr Clowes fod yn was da a ffyddlon i'r Awdurdod ac yn uchel ei barch yn yr ardal a wasanaetha.

Y mae Awdurdod Datblygu Cymru yn gorff ffodus iawn os gall fforddio hepgor mor ddi-ffrwt was mor gymeradwy a rhagweld yn ei weithred, mewn gwirionedd, ganlyniad achos llys yn ei erbyn.

Ys dywed Cymdeithas yr Iaith byddai wedi bod yn llawer mwy anrhydeddus i'r Awdurdod fod wedi gwneud datganiad clir a chadarn o blaid Deddf Iaith newydd – oherwydd y mae mwy i ddatblygu Cymru nag agor a chynnal ffatrïoedd.

Nodau diflas

Byddai'n hawdd cael ei demtio i wneud sylwadau ysgafn am yr anghytgord diweddar yn rhengoedd cerddorfa Cwmni Opera Cymru oherwydd yr oedd yna ryw elfen o opera gomic yn yr holl ddiflastod amhersain.

Y gwir amdani, fodd bynnag, yw fod yr helynt yn adlewyrchiad o agwedd y gymdeithas gyfoes tuag at y celfyddydau cain yn gyffredinol; yn eu hystyried yn bethau ymylol y gellir eu hepgor a rhoi'r lleiaf posibl o gardod ariannol iddynt.

Tra mewn gwirionedd y gwerthoedd hyn sydd nid yn unig yn cyfoethogi cymdeithas wâr ond hefyd yn gwareiddio cymdeithas anwar, a Duw a ŵyr fod angen gwareiddio hanner olaf yr wythdegau.

Y mae cerddoriaeth gyda'r odidocaf o bob celfyddyd ac yn cyffwrdd pob copa walltog mewn rhyw ffurf neu'i gilydd.

Bydded i'r wladwriaeth felly ddangos y ffordd i'r gweddill trwy roi'r parch sy'n ddyledus i'r artist.

Wynebu her

Yn wahanol i rai pobl eraill nid ydym ni am gondemnio'r ffilm *The Last Temptation of Jesus* heb fod wedi ei gweld yn gyntaf!

Digon yw dweud ar hyn o bryd nad trwy guddio'i ben yn y tywod y dylai'r Cristion ymateb iddi a gwrthod mynd i'w gweld ar sail cyngor ucheleglwyswyr yn unig.

Go brin bod ffilm o ddiwedd beiddgar yr wythdegau yn wir fygythiad i Efengyl sydd wedi goroesi dwy fil o flynyddoedd o erlid; a go brin fod y ffydd Gristnogol – er cymaint pob argyfwng crefyddol – wedi clafychu i'r fath raddau fel bod yn rhaid iddi guddio rhag grymoedd honedig wrthwynebus yn hytrach na'u hwynebu yn hyderus gyda ffydd.

20

Caredig, bonheddig a chyfeillgar

Elin Angharad

Gŵr caredig, bonheddig a chyfeillgar oedd bob tro yn barod ei gyngor a chefnogaeth. Dyna ddisgrifiad byr i chi o Glyn. Ond roedd llawer mwy na hynny. Er i mi gael fy magu yn yr Wyddgrug, a bod swyddfa'r *Cymro* yn y dref, tra yn y coleg ym Mangor y dois i i adnabod Glyn gyntaf. Roeddwn yn astudio Cyfathrebu yno ac un o'r tasgau blynyddol i'r criw oedd llunio atodiad sawl tudalen a fyddai'n ymddangos yn *Y Cymro*. Roedd yn rhoi cyfle i ni gywion newyddiadurwyr gael profiad o weld ein gwaith, boed yn destun geiriau neu luniau mewn print. Fe ges i bleser mawr yn gweithio gyda'r criw a gyda Glyn hefyd a oedd yn rhoi cyngor amhrisiadwy i ni, yn barod ei gefnogaeth ac yn falch o weld ein brwdfrydedd. Roedd wrth ei fodd yn rhoi cefnogaeth i ddarpar newyddiadurwyr ac yn barod iawn i roi cyfle i bawb. Gydag anogaeth Glyn fe es i ar brofiad gwaith i'r swyddfa yn y dre am rai wythnosau a chael gweld sut oedd tudalennau'r papur yn cael eu llenwi. Synnwn cymaint yr oedd Glyn yn ei wneud, cymaint yr oedd yn ei sgwennu, cymaint y byddai'n ei wneud ar gyfer y darllenwyr a Chymru. Gwaith a fyddai, dwi'n siŵr, yn mynd yn ddiddiolch yn amlach na pheidio. Rhoddodd gefnogaeth ac anogaeth i mi a chefais gyfle i sgwennu rhywfaint, gweld y cysodi a gweld faint o waith sydd wir yn

116

mynd i mewn i lunio papur wythnosol. Fel un o'r criw cynta wedyn ar ôl graddio i ddilyn cwrs newyddiaduraeth ym Mangor cefais y cyfle unwaith yn rhagor i fod yn rhan o atodiad arall i'r *Cymro*. Gan fy mod yn adnabod Glyn bellach roeddwn yn falch iawn o gael y cyfle i gydweithio ag o eto a'r tro hwn roeddwn yn un o ddau aeth draw i'r Wyddgrug i helpu efo'r cysodi. Roedd gweld ffrwyth ein llafur yn wefr ond wrth i mi edrych yn ôl dwi hefyd yn trysori'r cyfnod paratoi, y cyngor, y gefnogaeth a'r anogaeth gan Glyn.

Roeddwn mor falch pan glywes i y byddai Glyn yn dod yn un o'm cydweithwyr yn y BBC ymhen amser. Roedd Glyn wedi gadael *Y Cymro* ac wedi bod yn y Wladfa am gyfnod a finnau erbyn hynny yn cychwyn gweithio ar wasanaeth newydd ar-lein y BBC. Er ein bod yn gweithio i ddwy adran wahanol, Glyn yn yr adran nodwedd a finnau yn yr adran newyddion, roeddem yn rhannu swyddfa a desg. Dyna i chi gyfnod hapus iawn. Lot o hwyl a sbri. Roedd y BBC i'r ddau ohonom yn newydd o ran cyflogwyr ac roeddwn innau yn newydd i'r busnes sgwennu a newyddiadura mwy neu lai yn syth o'r coleg. Ond roedd cael hen law fel Glyn yno o gymorth mawr wrth i ni fod yn rhan o'r criw cyntaf i weithio ar wasanaeth newydd, Cymru'r Byd fel ag yr oedd. Yng Nghaerdydd byddai Glyn a Gwyn Griffiths, oedd wedi cydweithio ar *Y Cymro*, yno yn ein canol, Martin Huws, Aled Jones a finne. Byddai Glyn yn barod i helpu bob tro a byddwn i wrth fy modd yn clywed y straeon oedd ganddo i'w dweud am ei brofiadau a Gwyn yntau. Roedd y ddau'n donic i gydweithio efo nhw. Er i Glyn wedyn symud 'nôl i'r Gogledd er mwyn bod yn agosach at ei deulu, byddem yn dal i gydweithio a chael sgyrsiau difyr, hir ar y ffôn yn aml iawn. Roedd y ddau ohonom wrth ein boddau yn dal i fyny, nid yn unig yn trafod gwaith, ond hynt a helynt pawb a phopeth.

Mae'n siŵr mai mewn Eisteddfodau y bûm yn gweithio fwya wedyn efo Glyn. A dweud y gwir alla i ddim meddwl am Steddfod heb Glyn. Roedd gwasanaeth ar-lein y BBC yn mynd bob blwyddyn i'r Urdd a'r Genedlaethol. Glyn yn mynd i'r ddwy bob blwyddyn ond dim ond i'r Genedlaethol y byddwn i'n mynd i hel straeon newyddion y dydd. Glyn oedd yn gyfrifol am yr elfennau nodwedd o'r cynnwys, ond roedd 'na gydweithio agos. Cefais sawl profiad bythgofiadwy yn ei gwmni, cyfle i ddod i adnabod Cymry a Chymru'n well. Roedd ei adnabyddiaeth o bobol a straeon yn amhrisiadwy. Fe fyddai'r wythnos wedi bod yn dipyn tlotach heb ei gwmni rhadlon. Roedd yn adnabod cymaint, a dwi wedi bod mor ffodus o gael ei gwmni wrth grwydro'r Maes yn cyfarfod hwn a'r llall.

Nid fi oedd yr unig Elin oedd yn yr Eisteddfodau. A dweud y gwir, os nad Elin oedd eich enw chi, a chithau'n ferch, mae'n annhebygol y byddech yn gweithio ar-lein i'r BBC. Dwi'n meddwl bod 'na bedair ohonom wedi bod yno ar un cyfnod. Tipyn o hwyl, rhaid dweud! I unrhyw un welai Glyn ar y Maes mae'n sicr y byddai'r camera rownd ei wddw a'r *notepad* a phensil yn ei law neu heb fod ymhell. Un oedd wedi dysgu'r hen ffordd ond wedi addasu i'r byd modern 'ma ac wrth ei fodd yn cyfuno'r holl elfennau. Roedd o wrth ei fodd yn tynnu lluniau ac fe fyddai ganddo lygad am lun da. Tynnai luniau heb yn wybod i'r gwrthrych, eu dal mor naturiol, boed yn bobl gyffredin yn cael cinio ar y patio, neu rai o'n henwogion mwya. Oedd, roedd Glyn yn hoff o ddal yr eiliad ond fiw i chi geisio tynnu ei lun! Ambell un sydd o gwmpas y swyddfa ohono ac mae'r un o'r ddau ohonom yn cael seibiant ar y patio bwyd yn codi cywilydd ond eto yn rhoi gwên ar yr un pryd wrth gofio'r dyddiau da. Un am godi'n gynnar oedd Glyn ac roedd o wedi gwneud diwrnod o waith cyn i'r rhan fwyaf o'r staff gyrraedd y Maes. Oni bai am Glyn fe fyddwn i wedi digalonni ar fwy nag un achlysur. Roedd o yno'n gefn ac yn barod iawn ei gyngor bob tro – yn enwedig am ei fod wedi gohebu o eisteddfodau lu, i'r BBC a chyn hynny, wrth gwrs, i'r *Cymro*. Roedd Glyn yn 'nabod pawb a phawb yn 'nabod Glyn. Doedd hi ddim yn dasg hawdd mynd o un lle i'r llall ar y Maes ar fyrder efo Glyn yn gwmni i chi gan y byddai pawb am sgwrs. Ond felly y dois i 'nabod nifer.

Mae'r parch oedd gen i tuag ato fel newyddiadurwr, ei allu i drin geiriau, i ddal eiliadau mewn llun, i gyfuno'r cyfan mewn papur neu ar y we yn parhau. Mae gen i ddyled iddo o hyd a honno'n un amhrisiadwy, fel ei gyfraniad yntau. Dwi'n falch o fod wedi cael ei gyngor a'i gefnogaeth, cael cydweithio, mwynhau ei gwmni a chael ei gyfrif yn gyfaill.

Dyn y bobl

Elfed Roberts
Prif Weithredwr Eisteddfod Genedlaethol Cymru

Roedd Eisteddfod Genedlaethol Sir Gâr 2014, a gynhaliwyd ym Mharc Arfordirol Llanelli, yn wythnos i'w chofio; un o'r eisteddfodau diweddar gorau yn ôl sawl person.

Llwyddwyd i greu awyrgylch braf o ddathlu yno ac roedd y Maes yn llawn lliw a hwyl. Roedd y pwyslais a roddwyd ar weithgareddau amrywiol oedd yn apelio at ystod eang o bobl yn amlwg wedi llwyddo ac yr oedd yn braf gweld Cymry yn dod i'r Maes i fwynhau'r arlwy yn ogystal â mwynhau cwmnïaeth eu cydwladwyr.

Ond i mi roedd rhywbeth ar goll er gwaethaf y rhialtwch a'r hwyl a hynny yn syml oedd nad oedd Glyn Evans yn bresennol, a hynny am y tro cyntaf ers blynyddoedd lawer.

Arferai Glyn ddod i'r Eisteddfod yn rhinwedd ei swydd fel newyddiadurwr gyda'r BBC yn ogystal ag fel Golygydd *Yr Enfys*, sef cylchgrawn chwarterol Cymdeithas Cymru a'r Byd.

Roedd yn godwr cynnar ac ar y Maes yn blygeiniol bob dydd. Yn amlach na pheidio byddem yn cael sgwrs yn ystafell y wasg yng nghefn y Pafiliwn. Roedd gan Glyn, fel sawl aelod arall o'r wasg, ei gadair a thamaid o fwrdd yno er mwyn cyflawni ei waith i wasanaethau ar-lein y BBC; ond yn wahanol i'r rhelyw o'r newyddiadurwyr a weithiai yn yr Eisteddfod ac a oedd yn dibynnu i raddau helaeth iawn ar ddatganiadau i'r wasg am eu straeon, fyddai o ddim yn eistedd yno yn aml. Gwell fyddai ganddo grwydro'r Maes i gael ei straeon a'i luniau a dyna paham wrth gwrs fod ei gynnyrch bob amser yn wahanol, ac yn fwy difyr na'r straeon 'corfforaethol' a ymddangosai ym mhob cyhoeddiad arall.

Yr wyf wedi darllen sawl teyrnged iddo ac roedd amryw yn ei ddisgrifio fel Eisteddfodwr brwd. Nid wyf yn anghytuno â'r gosodiad ond i mi dyn y bobl oedd Glyn, ac roedd cerdded Maes yr Eisteddfod yn bleser pur iddo gan y byddai hynny'n golygu ei fod yn llwyddo i ladd sawl aderyn.

Yn ddi-os mae'r Eisteddfod ar ei cholled wedi ymadawiad Glyn ac roedd rhywun yn teimlo'r golled honno yn Llanelli y llynedd.

Gohebu o'r Steddfod

§ O'r Steddfod i'r Senedd?
08:01, Dydd Llun, 1 Awst 2011

Wrth i Steddfod arall gael gwynt dan ei hadenydd mae rhywun yn darllen yn y cylchgrawn *WA-w!* sydd ar werth ar y Maes beth oedd Prif Weithredwr yr ŵyl – y Mr Steddfod ei hun, Elfed Roberts – yn ei wneud mewn oes arall.

Cyn dod yn drefnydd Steddfod mi fuo fo yn ohebydd gyda phapurau'r *Herald* yng Nghaernarfon – a gwell 'datgan diddordeb' yn fama gan i'n gyrfaoedd ni'n dau orgyffwrdd y cyfnod hwnnw mewn swyddfa nad oedd wedi llwyr adael y bedwaredd ganrif ar bymtheg!

Oddi yno aeth Elfed i werthu bwydydd anifeiliaid i ffermwyr Môn ac Arfon gan fentro wedyn i faes trefnu Steddfodau – gyda'r Urdd i gychwyn cyn cael swydd gyda'r Eisteddfod Genedlaethol wedyn.

Gyrfa ddigon amrywiol – ond nid cweit digon amrywiol gan Elfed mae'n ymddangos achos pan ofynnodd *WA-w!* iddo pa swydd arall y byddai wedi hoffi rhoi cynnig arni ei ateb oedd 'Prif Weinidog Cymru'.

Ac wrth gwrs mae amser i hynny ddigwydd hefyd – ond y bydd yn rhaid disgwyl pedair blynedd dda tan yr etholiad nesaf.

Ond mi allwn ni ddechrau dychmygu'n awr y Cynulliad yn cael ei redeg fel Steddfod.

A'r eitem gyntaf ar yr agenda?

'I ystyried peintio adeilad y Senedd yn y Bae – yn binc.'

Hei lwc Elfed.

§ **Sibrydion Steddfod**

18:05, Dydd Sul, 31 Gorffennaf 2011

Mae hi'n nos Sul yn troi at fore Llun ac mae'r sibrydion a'r dyfalu am y prif seremonïau yn hen fagu traed.

Yn y Goron mae'r diddordeb mawr ar y funud gydag un stori fach amhosib cael cadarnhad iddi y bydd y bardd buddugol yn gwrthod ei Goron oherwydd mai rhodd yw hi gan brif gyfrinfa talaith gogledd Cymru y Seiri Rhyddion.

'Os dyna'r bwriad, pam cystadlu yn y lle cyntaf?' holodd rhywun arall.

Wedi cael hynna o'r neilltu mae'r sibrydwyr yn symud ymlaen wedyn i ddarogan na fydd neb yn deilwng o'r Fedal Ryddiaith ddydd Mercher a'r beirniaid Grahame Davies, Hazel Walford Davies a Branwen Jarvis heb eu plesio gan yr ymgeision ddaeth i law – gyda winc awgrymog fod Branwen Jarvis yn un o'r beirniaid yn y Bala pan ataliwyd y Gadair ddwy flynedd yn ôl.

Wn i ddim beth fydd y sibrydwyr hyn yn ei ddweud pan ddigwyddan nhw daro ar y rhai hynny sydd wedi cychwyn stori y bydd trebal yn cael ei sgorio yn Wrecsam eleni gyda'r un person yn ennill y Goron, y Fedal Ryddiaith a'r Gadair gan wneud hon y Steddfod fwyaf hanesyddol mewn hanes yng nghyswllt y prif wobrau llenyddol.

Gyda Wrecsam yn clochdar yn barod am fod â dau fardd dwbwl, Syr T. H. Parry-Williams a Donald Evans, byddai trebal yn gychwyn da i gyfnod newydd flwyddyn y canmlwydd a hanner.

Ar y funud dim ond dyfalu allwn ni – ac onid ydi hynny'n hwyl?

§ **Appi dês**

11:23, Dydd Mercher, 7 Gorffennaf 2010

Difyr gweld sut mae'r ffasiwn Steddfodol wedi newid dros y blynyddoedd.

Bydd yr hynaf yn ein plith yn cofio adnodd mor bwysig oedd yr ymbarél ddu i eisteddfodwyr ar un adeg.

Mae lluniau'n dal ar gael o Cynan, Idris Foster, T. H. Parry-Williams ac eraill yn eu siwtiau rhesog, duon, yn pwyso ar ymbarél wedi ei rhwymo'n dynn.

Toc wedyn, ddiwedd y pumdegau a dechrau'r chwedegau, y facingtosh blastig oedd *de rigueur* yr Eisteddfodwr trendi; y dyddiau hynny cyn i *trendi* ddod yn air – wel, yn air trendi.

Dilledyn llwyd, lled dryloyw, oedd hwn y gellid ei rowlio'n becyn bach taclus i ffitio'n glyd dan eich cesail yn llygaid haul ond yn agor yn gôt gyflawn o gorun i sawdl pan ddeuai'n gawod.

Ei hunig anfantais oedd ei bod yn beth rhwygadwy iawn ac yn amlach na pheidio byddai'r sawl a gyrhaeddodd y Maes gydag un facingtosh blastig yn y bore yn dychwelyd adref gyda dwy – wel, dau hanner yr un un mewn gwirionedd.

Yr arwydd sicraf o Steddfodwr profiadol y dyddiau hynny oedd un gyda'i facing dan ei gesail, pecyn sangwij yn seitan yn ei boced a'i fricsen o *Raglen y Dydd* yn ei law.

Rhwng hon a map o'r Maes yn chwifio yn y gwynt yr oedd cae Steddfod yn faes agored i'r Eisteddfodwr Siriys.

Ers rhai blynyddoedd daeth *Rhaglen y Dydd* yn gyfrol hardd o luniau ac atgofion hefyd – gwerth ei chadw'n gofrodd.

Ond pethau ddoe yn perthyn i'r cof San Ffaganidd yw'r rheinia bellach gyda dyfodiad yr iSteddfod – yr *'apps'* Cymraeg cyntaf erioed ar gyfer Glynebwy.

Rhaglen y Dydd ar gledr llaw o gymharu â'r fricsen ddalennog a dorrodd sawl llengig dros y blynyddoedd.

Ym Mlaenau Gwent, byddwch â'ch llygaid yn agored am Steddfodwr Siriys *circa* 2010 gyda'i iPhone yn ei law – ac yn sefyll ar *Raglen y Dydd* er mwyn gweld dros bennau'r bobol o'i flaen.

Na does dim curo ar hen dechnoleg.

A pha werth mewn *apps* pan ddaw hi'n gawod?

Wel, gall ddangos ichi le i mochel cyn y byddwch wedi dadlapio'r facing blastig heb sôn am ei gwisgo.

Appi dês.

Ond beth tybed fydd ap *apps*?

§ **Pebyll y cyfamod**
17:15, Dydd Sul, 2 Awst 2009

Tan ddoe sylweddolais i ddim bod yna gymaint o barch yn parhau tuag at y Sul Cymreig.

Alla i ddim meddwl am unrhyw reswm arall pam bod cymaint o stondinau ar y Maes heb eu hagor.

Yn eu plith yr oedd pabell y Wasg Efengylaidd – Gwasg Bryntirion – sydd yn gwerthu dim byd ond llyfrau Cristnogol a Beiblaidd!

Mae'n siŵr o fod yn bwynt y gallai diwinyddion ac athronwyr ddadlau'n hir amdano – *A yw hi'n bechod gwerthu llyfrau Cristnogol a Beiblau ar y Sul?*

Bu bron imi â throi i Babell yr Eglwysi i ymneilltuo a dwys fyfyrio am y peth. Roedd honno *yn* agored.

§ **Côr y wawr**
09:23, Dydd Mawrth, 2 Awst 2011

Cyrraedd y Maes ychydig wedi saith y bore 'ma.

Ac i'w glywed yn un o'r caeau o gwmpas mae sŵn gwartheg yn brefu ac yn puo yn uchel.

Triawd y buarth yn ymarfer siŵr o fod.

Maen nhw wedi distewi erbyn hyn – y rhagbrofion wedi bod yn drech na nhw, beryg.

§ **Tri pheth, un Eisteddfod – dau feirniad**
12:17, Dydd Iau, 4 Awst 2011

Does yna ddim byd gwell gan gynulleidfa na chlywed beirniad yn codi ar ei draed a chychwyn traddodi gyda geiriau fel, 'Fydda i ddim yn hir' neu 'Mi fydda i'n fyr'.

Ac yn wir wedi noson hir o gystadlu neithiwr dyna glywodd y gynulleidfa gan Dafydd Lloyd Jones yn beirniadu cystadleuaeth y côr ieuenctid dan 25 oed tua'r hanner awr wedi deg yma – a rhoddwyd ochenaid ddiolchgar o ryddhad.

Ond bobol bach, ddeng munud yn ddiweddarach yr oedd y beirniad yn dal i beidio bod yn hir ac ambell un yn y gynulleidfa yn dechrau ofni fydden nhw adref cyn brecwast.

'Mi fu wrthi am chwarter awr neu fwy – neu o leiaf roedd yn teimlo felly yr adeg honno o'r nos,' meddai un oedd yn gwrando.

Na, dyw torri rhywbeth yn ei flas ddim yn rhywbeth sy'n digwydd yn aml iawn ymhlith y Cymry.

Beirniad gafodd ganmoliaeth neithiwr, fodd bynnag, oedd

Gareth Glyn. Yn traddodi beirniadaeth Tlws y Cerddor cynhwysodd ef glipiau sain i egluro beth oedd ganddo i'w ddweud.

Y tro cyntaf, hyd y gwyddom, i hynny ddigwydd ond yn ôl yr ymateb yn sicr yn rhywbeth a ddigwydd eto yn y dyfodol.

Yn drydydd, un cwestiwn sydyn: gyda dyfarnu Tlws y Ddrama y pnawn 'ma, mae ambell un yn holi, tybed oedd hi'n werth i Manon Rhys adael y Maes dros nos.

Dramatig iawn.

§ **Dyna le ... Ond lle?**

07:11, Dydd Mawrth, 30 Mehefin 2009

Glynebwy ddwedsoch chi?

Ynteu *Glyn Ebwy*?

Neu *Lyn-ebwy* efallai?

Glyn-Ebwy hyd yn oed.

Mae'n ymddangos ein bod ni mewn strach yn barod gydag enw cartref Eisteddfod 2010 – dros flwyddyn cyn y digwyddiad.

Fel 'Eisteddfod Glyn Ebwy' mae'r Eisteddfod Genedlaethol ei hun yn cyfeirio ati mewn pamffledi, gohebiaeth ac ar arwyddion.

Ond os trowch chi at y llyfrau enwau lleoedd fe gewch mai *Glynebwy* yw'r ffurf gywir. Dyna ddywed *Y Llyfr Enwau* – y geiriadur enwau lleoedd safonol diweddaraf ac yn hynny o beth mae'r awdur, D. Geraint Lewis, yn cyd-fynd â *Briws* sydd hefyd yn cynnig *Glynebwy* fel y ffurf Gymraeg ar *Ebbw Vale*.

A chyda llaw y ffurf Saesneg yw'r un gysefin gyda'r Gymraeg, am newid gydag enwau lleoedd, yn gyfieithiad o'r ffurf honno.

Cyn hynny yr enw Cymraeg gwreiddiol ar y llecyn oedd *Pen-y-cae* gydag *Ebbw Vale* yn dod i fodolaeth yn y bedwaredd ganrif ar bymtheg wrth i'r gymdogaeth dyfu o amgylch gwaith haearn a sefydlwyd yn wreiddiol ganol yr 1780au.

Go brin bod angen egluro mai'r ystyr yw dyffryn afon o'r enw Ebwy.

Sydd bron yn gywir – ond mai *Ebwydd* neu *Ebwyth* oedd enw'r afon yn wreiddiol yn ôl y chwilotwr diwyd hwnnw, Melville Richards.

Eb yn golygu *ebol* a'r elfen *gwyth* neu *gŵydd* yn golygu ffyrnig neu wyllt a hynny'n peri i Hywel Wyn Owen awgrymu y gallai hynny ddisgrifio'r ceffylau fyddai'n yfed o'r afon.

A chyda llaw, *Glynebwy* yw ei sillafiad ef a Melville Richards o'r ffurf Gymraeg. Nid *Glyn Ebwy*, nid *Glyn-ebwy*, nid *Glyn-Ebwy*.

Ac yn hynny o beth y mae Bruce 'Briws' Griffiths a D. Geraint Lewis yn cymryd eu harwain gan y gyfrol sydd â'r gair olaf am enwau lleoedd Cymraeg, *Rhestr o Enwau Lleoedd – A Gazetteer of Welsh Place-names* a olygwyd gan Elwyn Davies ar gyfer y Bwrdd Gwybodau Celtaidd ac a gyhoeddwyd yn 1957 gyda rhagair gan Syr Ifor Williams.

Yn y rhagymadrodd hwnnw mae Syr Ifor yn egluro'n fanwl pryd y mae enw lle yn ddeuair, yn ungair lluosillafog neu'n air lluosillafog gyda chysylltnod.

Perthyn *Glynebwy* i'r categori 'unsillaf+lluosillaf' sy'n ufuddhau i'r rheol *dim cysylltnod*. 'Ysgrifenner fel un gair,' meddai Syr Ifor.

Lleoedd eraill tebyg yw *Brynaman, Brynsiencyn, Ceinewydd, Tyddewi* – ac yr oedd yna gamsillafu hwnnw hefyd pan ymwelodd yr Eisteddfod â'r lle rai blynyddoedd yn ôl!

Mae chwe rheol i gyd a dyna pam y cawn yn y Gymraeg amrywiaethau fel *Castell-nedd, Llan-faes, Eglwys-wen, Castellnewydd, Pentrefoelas, Ystradmeurig, Tal-y-bont, Gwaelod-*

y-garth, Cerrigydrudion, Rhydyceisiaid ac yn y blaen. Yn y pen draw mae'r cyfan i'w wneud â'r acen. Meddai Syr Ifor:

Dilynwyd dwy egwyddor gyffredinol wrth ddiwygio'r enwau. Yn gyntaf, dylid ysgrifennu enwau lloeodd, hyd y galler, yn un gair. Yn ail, dylid eu hysgrifennu fel y gellir, wrth ddarllen, eu hacennu'n gywir yn ôl rheolau arferol yr iaith Gymraeg; i sicrhau hyn defnyddir cysylltnodau i ddangos safle'r acen.

Gwneir eithriad pan geir enw disgrifiadol fel *afon, bwlch, cefn, cwm, glyn, llyn, moel, morfa, mynydd, nant*, etc., yn elfen gyntaf mewn enw ar nodwedd ddaearyddol. Yn y rhain ysgrifennir yr enw disgrifiadol ar wahân, ac felly hefyd gydag enwau lle y ceir betws, a capel, fel elfen gyntaf pan fo'r fannod yn dilyn.

Ydach chi'n gwrando yn y cefn?

Ond pan fo'r enwau daearyddol hyn yn rhan o enw pentref neu fferm ysgrifennir hwynt yn un gair, e.e. *Cwm Aman* am y cwm, ond *Cwmaman* am y pentref a'r plwyf.

Felly, *Glynebwy* sy'n gywir ond *Glyn Ebwy* sy'n cael ei ddefnyddio helaethaf hyd y gellir gweld.

Gan gynnwys y llond ceg o enw llawn swyddogol: '*Eisteddfod Genedlaethol Cymru Blaenau Gwent a Blaenau'r Cymoedd yn y Gweithfeydd Glyn Ebwy 2010*'. A pheidiwch â cheisio dweud hynna eto – neu fe fyddwch yn hwyr ar gyfer y Bala . . .

Ond fel y byddan nhw'n dweud yn *Private Eye*: 'Dyna ddigon am enwau lleoedd. Gol.'

Oni bai fod gennych chi sylw i'w wneud wrth gwrs . . .

§ 'Mwy na digon' i blant yn y Brifwyl

O'r Maes yn Ninbych, 9 Awst 2013

'Gawn ni ddŵad yn ôl i Steddfod Cyw fory?'

Dyletswydd dydd Iau yn Eisteddfod Dinbych oedd hebrwng wyres o gwmpas y Maes.

Waeth cyfaddef ddim, yr oedd rhywun braidd yn bryderus o hyd a lled y pleserau ar gyfer rhywun dan chwech oed ym Mhencadlys Diwylliant a Phwysigrwydd y Genedl gan ofni na fyddai yna fawr i'w diddori rhwng y peintiad wyneb cyntaf a'r trydydd hufen iâ.

A dim, mewn gwirionedd, fod *Rhaglen y Dydd* nac unrhyw daflen wybodaeth arall wedi tawelu'r ofnau hynny.

Ond, erbyn gweld, yr oedd gan y crochan diwylliant fwy na digon i'w gynnig, gyda Sioe Cyw ar ben y rhestr.

Roedd 'na sioe ym Mhabell S4C ddwywaith bob dydd, ambell ymddangosiad y tu allan i'r babell a sioe gyhoeddus arall ar y Llwyfan Perfformio ger y cafnau bwyd hefyd.

Ond yr un fewnol mewn theatr fach o fewn pabell y Sianel oedd yr un sy'n cyfrif.

'Fel aur'

'Maen nhw fel aur,' meddai'r ddynes mewn crys-T Calon Cenedl wrth rannu'r tocynnau ar gyfer y sioeau mewnol gyda rhai yno i gasglu tocynnau am 9:30yb rhag cael eu siomi.

Cyn hanner dydd yr oedd morgrugfa o gyffro disgwylgar yn ysu am fynediad.

Beth bynnag ddywed neb am S4C, y mae'r Sianel wedi cael gafael adictaidd bron ar y gynulleidfa ifanc hon gyda rhieni hefyd yn canmol y gwasanaeth o ran ei safon a'i fwynhad.

Pe gellid llunio'r un fformiwla ar gyfer oedolion byddai'r Sianel y tu hwnt o ddiogel.

'Mi wnes i fwynhau o gymaint â fo,' meddai un fam, gan gyfeirio at ei mab teirblwydd oedd yn ei llusgo at silffiad o grysau-T Dona Direidi.

Ond dim ond hanner awr mewn diwrnod a fyddai'n ymestyn am wyth awr oedd Sioe Cyw, ac fe fyddai'n rhaid wrth bethau eraill os am osgoi'r 'Pa bryd 'dan ni'n mynd . . .' anorfod sy'n dod gyda syrffed.

Y Babell Gwyddoniaeth a Thechnoleg

Felly dyma anelu at babell y Mudiad Meithrin am funud i feddwl nes taro, ar hap, ar y babell Gwyddoniaeth a Thechnoleg lle'r oedd pob mathau o bethau i blant eu gwneud o greu modelau Lego, i liwio darnau o bapur, i brofi ansawdd dŵr, creu sleim a chael gweld eich celloedd eich hun dan ficrosgop.

Ac ar y ffordd allan, y crochenydd Paul Lloyd yn cynnig gwasanaeth Raku – gleinio yn Gymraeg – lle gellir prynu potyn amrwd am £5, ei drin a'i roi mewn odyn am awr tra ydych yn gwneud pethau eraill.

'Mae'r plant wrth eu boddau efo'r mwg a'r stêm a gwres,' meddai'r Dr Olwen Williams sy'n cynorthwyo ei phartner ar y safle. 'Ac mae'r arian yn mynd at y Steddfod,' ychwanegodd.

Martyn Geraint

Pabell arall annisgwyl o atyniadol oedd un Llywodraeth Cymru, gyda phoblogrwydd Martyn Geraint ymhlith plant yn rhywbeth i Garwyn a'i griw anelu ato ymhlith oedolion!

Beth bynnag, wedi ymweld â Chadwyn Ffred Ffransis i brynu bag gwellt a llechen Tad Gorau'r Byd i fynd adre i dad gorau'r byd, chwilio a chwalu trwy silffoedd y gweisg am lyfrau i'w darllen dros yr wythnosau nesaf, godro buwch yr NFU, cael llofnod Dona Direidi, Trystan a'i ffrindiau a gwneud ffrindiau newydd tra'n chwarae Mam mewn tŷ bach plastig yng ngardd chwarae'r Mudiad Meithrin i gyfeiliant Dafydd Iwan o Babell y Dysgwyr gerllaw, daeth y diwrnod i ben a ninnau wedi hen ganfod bod mwy na digon i blant ei wneud mewn Prifwyl.

Ond fel y dywedodd Glyn Tomos – *Sgrech* gynt, *Papur Dre* rŵan – y digwyddais daro arno ar y Maes – trueni na fyddai'r Eisteddfod yn trefnu bod gwybodaeth gryno ar gael am yr holl atyniadau hyn i blant a chyhoeddi taflen bwrpasol Steddfod i Blant.

Rhywbeth ar gyfer y flwyddyn nesaf efallai.

§ Resipi arbennig mis Awst
(o'r cylchgrawn *WA-w!*)

Car o faint canolig
1 gyrrwr
1 santes o wraig mor hir-ddioddefus â phosibl.
Dwy i dair milltir o draffig ddim yn symud
Pinsied o amynedd
1 carafán
3 o blant (o faint cymedrol)
1 nain wedi aeddfedu'n dda
1 stiward awdurdodol
Chwarter pwys o fferins caled

Y dull

1 Gosod y gyrrwr a'r santes o wraig yn seddi blaen y car a gwasgu'r tri o blant yn dynn gyda'r nain aeddfed a'r bagiad o fferins yn y cefn.

2 Marineiddio'r plant, nain, gyrrwr a'i wraig mewn tagfa draffig am o leiaf ddwyawr gan ychwanegu pinsied o amynedd yn achlysurol yn ôl eich tast. *Weithiau bydd yr amynedd yn cymryd*

132

amser i lefeinio ac os yw'r tywydd yn eithriadol o boeth gall fethu gweithio o gwbl. Does dim dewis wedyn ond bygwth troi'n ôl yn syth a dychwelyd adref.

3 Mynnu bod Nain yn tynnu'r blew a'r llwch oddi ar y fferins sydd wedi syrthio ar lawr er gwaethaf ei phrotestiadau na laddodd tipyn o faw neb erioed.

4 Defnyddio'r Stiward Haerllug i godi'r tymheredd ar gyfer coginio a chael y cyfan i ffrwtian am gyfnod amhenodol.

5 Pan fo wyneb y gyrrwr yn troi'n gymysgedd o goch a phiws a sŵn fel mochyn a'i gynffon wedi ei chau mewn drws i'w glywed dylid ystyried troi'r gwres i lawr ryw ychydig.

6 Ffordd effeithiol iawn o wneud hyn yw gweiddi – ond nid sgrechian – ar y plant.

7 Yr adeg hon mae'n bwysig anwybyddu hyd y gellir y bobl sy'n canu eu cyrn tu ôl ac ymbiliadau Nain am doiledau a chanolbwyntio ar egluro i'r stiward na all y wraig gerdded yn bell oherwydd ei bod (a) newydd gael histyrectami a (b) yn disgwyl.

8 Pan yw'r cyfan yn dechrau duo, gellir troi'r car a mynd i'r cyfeiriad y bu'r stiward yn ei ddynodi gan weiddi bod yr Archdderwydd yn ffrind personol i rywun rydych yn ei adnabod. Mae rhai yn hoffi ychwanegu llwyaid o wawd yr adeg hon a defnyddio llwy (pren nid metel) i roi tro gwatwarus i'r cynhwysion trwy ymddiheuro i'r stiward nad oeddech wedi ei adnabod fel Hitler yn awr ei fod wedi siafio'i fwstash. Fel rheol mae hyn yn dod ag elfen o ysgafnder i'r pryd.

9 Mae'r pwdin hwn yn mynd i lawr yn dda iawn efo potelaid o unrhyw blydi peth allwch chi gael gafael arno.

Mwynhewch.

Y Capten hwyliog

Ioan Hughes

Yn fy nghyfweliad cyntaf ar gyfer swydd ym myd y wasg leol yn 1976 roeddwn yn wynebu dau holwr sef John Eilian Jones, Golygydd papurau'r *Herald* yng Nghaernarfon ar y pryd, a'r is-olygydd, Glyn Evans.

Mae'n anodd cofio trefn yr holi neu a oedd yna unrhyw brawf ai peidio. Ond gallaf gofio'n glir am Glyn yn tynnu sylw at fy llawysgrifen.

Gwyddwn yn dda nad oeddwn y taclusaf, ac aeth Glyn ati i edrych yn fanwl ar y llythyr a anfonais fel rhan o'r cais a gofyn i mi ddisgrifio fy llawysgrifen. Mentrais ateb fod llawer yn ei gweld yn blentynnaidd ond fy mod i yn mynnu ei bod yn ddealladwy. 'Dwi'n cytuno,' meddai Glyn hefo rhyw hanner gwên a phwt o ochenaid.

Beth bynnag, bûm yn ddigon ffodus i gael y swydd, ond dwi'n sicr mai cytuno hefo'r 'plentynnaidd' oedd Glyn yn hytrach na'r 'dealladwy', ac mae'n debyg fod hyn yn enghraifft o'i ddoniolwch a'i allu i dynnu coes heb gamu dros unrhyw ffin annerbyniol.

I raddau helaeth, Glyn fyddai'n ysgwyddo'r baich pan eid ati i olygu'r tudalennau yn argraffty'r *Herald*, a llwyddai i wneud hynny'n gwbl ddiffwdan gan gadw at bob amserlen yn ddidrafferth.

Roedd yn arweinydd penigamp, ond eto roedd yn rhan o bob hwyl – yn aelod o'r criw er mai ef oedd y capten. Yn sgil hyn roedd pawb yn ei edmygu a'i barchu, a phe byddai unrhyw drafferth, o ran gosod tudalen neu gwblhau stori, troi at Glyn fyddai'r ateb.

Llwyddai hefyd i annog aelodau'r gweithlu i roi o'u gorau heb fod yn awdurdodol ac annymunol. O feddwl am ambell olygydd byddaf yn cofio am eu hagwedd ymosodol, yn barod iawn i feirniadu ond byth yn diolch. Ond nid cymeriad felly oedd Glyn, anodd dychmygu fod yna unrhyw gasineb yn perthyn iddo.

Daeth hyn i'r amlwg yn fuan wedi i mi ddechrau gweithio gyda phapurau'r *Herald* ac yn cael gafael ar stori oedd yn ymwneud â bywyd teulu ar Ynys Enlli. Dyma roi gwybod i Glyn, ac wedi gair o ganmoliaeth am fachu'r stori dywedodd na fyddai'n bosib i mi ei chwblhau ar gyfer yr wythnos honno am fod amser mor brin. Roeddwn yn benderfynol o gael trefn ar y cyfan a rhoddwyd y stori'n llawn ar ddesg Glyn mewn da bryd.

Roedd wedi rhoi'r anogaeth mewn ffordd neilltuol, ac erbyn heddiw gallaf ei ddychmygu yn cael sbort bach diniwed ar ben arall y ffôn wrth feddwl am ei gyw bach o ohebydd yn benderfynol o brofi nad oedd yr is-olygydd yn iawn bob tro.

Amlygwyd medrusrwydd Glyn fel newyddiadurwr yn yr eisteddfodau cenedlaethol hefyd. Crwydrai hyd y Maes yn chwilota am straeon gyda'r camera bach wrth law yn gyson. Ond er y prysurdeb, roedd yn dal i fod yn rhan o firi hwyliog ystafell y wasg, a llwyddai i neilltuo amser am sgwrs hamddenol.

Yn ystod ei yrfa gweithiodd Glyn fel Golygydd *Y Cymro*, a mentrais innau gydio yn yr awenau ym mis Rhagfyr 2004. Cyn gynted ag y cyhoeddwyd y penodiad, galwodd Glyn i'm llongyfarch a phwysleisio y byddai'n fy nghynorthwyo mewn unrhyw fodd.

Pwy allai wrthod cynnig o'r fath gan arbenigwr? Cytunwyd y byddai Glyn yn ysgrifennu colofn wythnosol ar gyfer y papur, a dyna eni 'Colin B. Jones,' y 'colofnydd clecs' fel y galwyd ef gan Glyn, a chychwyn y golofn 'Colyn Pigog'. Yn anffodus, fedra i ddim hawlio'r clod am greu'r enw ar gyfer y golofn – ia, Glyn oedd yn gyfrifol. Ond, gosododd un amod bendant – doedd neb i gael gwybod pwy oedd y cyfrannwr crafog.

Glynwyd at y cytundeb hwn a bu llawer yn crafu pen ynglŷn â phwy oedd y colofnydd. Ar fwy nag un achlysur cefais gryn ganmoliaeth am ysgrifennu'r pytiau bach oedd yn pigo yma ac acw a'r sylwadau llawn dychan. Mae'n debyg fy mod yn torsythu wrth groesawu'r ymateb heb fynd ati i egluro nad oeddwn yn gyfrifol am y sgwennu.

Ond cafwyd cwynion hefyd wrth i Mistar Pigog dynnu rhai yn groes i'r graen neu ambell un arall yn gwrthod y doniolwch bachog.

Roedd ymateb Glyn i'r cyfan yn amlygu natur ei gymeriad. Does gen i ddim cof amdano'n ymffrostio pan ddeuai'r canmol – yn wir, gellid dweud ei fod yn anwybyddu'r peth yn gyfan gwbl. Ond pan glywai am y cwynion, byddai'n chwerthin. Nid chwerthin oherwydd trafferthion unrhyw un arall oedd hyn, ond bodlonrwydd o gael ymateb o bob ochr. Pa wahaniaeth os oedd rhai yn dewis beirniadu'n hallt, bwriad y golofn oedd denu darllenwyr a'u cael i ymateb, a heb os llwyddwyd i wneud hyn, diolch i allu Glyn.

Yn bersonol, roeddwn yn rhyfeddu at ei ddawn i ailbobi brawddeg, neu air hyd yn oed, a fu'n amlwg yn y newyddion, a chyflwyno'r cyfan fel eitem gwbl wreiddiol yn y golofn.

Difyr oedd darllen erthygl a sgrifennwyd gan Glyn yn Eisteddfod Genedlaethol y Bala yn 2009 pryd y gosodwyd cystadleuaeth i ysgrifennu deuddeg o ddarnau yn null Colyn

Pigog. Dipyn o gamp yn wir, ac yn yr erthygl dangosodd Glyn sut i wneud y gwaith go iawn. Roedd hyd yn oed *Y Cymro* yn cael peltan bach am gamsillafu enw Colyn ar adegau.

Cyfeiriodd hefyd at wraig Colyn, sef Colleen B. Jones, un o golofnwyr y cylchgrawn *WA-w*! a gyhoeddwyd ar gyfer y Brifwyl dan olygyddiaeth Lowri Rees-Roberts, un o gyn-ohebwyr *Y Cymro*. Roedd Glyn o'r farn fod gwaith Colleen yn llawer tebycach i arddull Colin B. nag enillydd y gystadleuaeth, ond derbyniai fod 'ganddi hi'r fantais o fod yn rhannu gwely â'r pigwr'.

Roedd yn fodlon fod yna ddigon o grafu a phigo yn y byd newyddiadurol Cymraeg ar y pryd. Ond fedra i ddim derbyn fod 'na unrhyw un sy'n gallu llenwi'r bwlch a adawyd gan Colyn Pigog, ac yn sicr mae'r bwlch a adawyd gan Glyn Evans yn anferth.

Cofio Glyn

Lowri Rees-Roberts

Er imi dreulio a mwynhau profiad gwaith yn swyddfa'r *Cymro* yn yr Wyddgrug dan olygyddiaeth Llion Griffiths yn hogan ysgol, roeddwn yn dal yn ddi-benderfyniad beth oedd fy newis gyrfaol yn y dyfodol. Ond wedi gadael y coleg roedd rhaid penderfynu, roedd rhaid cael swydd.

Roeddwn yn mwynhau ysgrifennu, yn mwynhau'r bwrlwm o weithio i ddedlein ac mi ddisgynnodd y jigso i'w le pan welais hysbyseb am swydd fel gohebydd ar bapur newydd *Y Cymro* dan olygyddiaeth Glyn Evans, a dyma gynhyrfu. Roedd arna i eisiau'r swydd a'i heisiau yn fwy na dim arall!

A dyma gyfarfod â Glyn Evans am y tro cyntaf yn ystod cyfweliad am y swydd. Y ddau ohonom ar bwys desg, yr unig ffordd i'w disgrifio yw fel desg brysur, roedd yn llawn o bapurau, amlenni, beiros, ffrwythau ac roedd 'na ffôn yng nghanol yr anialwch yn rhywle, gan iddo ganu ambell waith yn ystod y cyfweliad.

Roedd hi'n fore dydd Llun a'r papur wythnosol newydd fynd i'w wely, ac yn amlwg o'r gwaith ar y bwrdd roedd y Golygydd diwyd yn prysur baratoi ar gyfer y rhifyn nesaf ac ychydig iawn a wyddwn ar y pryd faint fyddai'r papur yn ei olygu i mi hefyd fel yntau a sut byddai trefn wythnos yr wythnosolyn yn dod yn rhan o amserlen fy mywyd innau hefyd.

Doedd y cyfweliad ddim fel cyfweliad go iawn, roedd yn fwy fel sgwrs anffurfiol, rhyw sgwrs dros baned, dod i adnabod ein gilydd ac o'r diwrnod cyntaf hwnnw daethom i ddeall ein gilydd a dyma ddod i adnabod Glyn Evans y dyn a oedd â diddordeb mawr yn ei bobl ac a fyddai'n sgwrsio drwy'r dydd petai amser yn caniatáu iddo wneud hynny.

Ychydig ddyddiau yn dilyn y cyfweliad cefais alwad ffôn gan y Golygydd arbennig hwn i ddeud fy mod wedi bod yn llwyddiannus yn fy nghais am y swydd. Ac yn wir roeddwn ar ben fy nigon.

Ac roedd y pum mlynedd a dreuliais fel gohebydd ar *Y Cymro* yn rhai o flynyddoedd gorau fy mywyd i, a dyna pryd y dechreuais gyfnod o goleg a dysgu o ddifrif. Roedd y ddau ohonom yn gallu cyd-dynnu'n grêt, yn eistedd ochr yn ochr, yn rhannu desg, ac yn fuan iawn roedd anialwch y ddau ohonom yn un carped mawr hir, ac yn destun cwyno gan y bosys mawr, ond fyddai Glyn yn cymryd fawr o sylw o'u cwyno, dim ond gwenu'n ddireidus tu ôl i'w farf. Roedd sgwrs ac roedd 'na deipio, roedd 'na hwyl ac roedd 'na dynnu coes. Roedd 'na ddysgu a meistroli.

Nid yn unig roedd Glyn yn cynnig syniadau ysgrifennu, ond hefyd cafwyd cyfle i dynnu lluniau, cyfweld â phobl na fyddwn wedi dychmygu eu cyfarfod erioed a rhoddodd addysg inni ym myd dylunio, crefft sydd wedi bod yn ddefnyddiol iawn imi mewn gwaith ac yn enwedig wedi dyfodiad y cylchgrawn *WA-w!*

Dwi'n cofio teithio i fy ngwaith ar Ebrill y cyntaf a meddwl beth fyddai fy nhric ar Glyn y flwyddyn honno, ac roeddwn wedi meddwl am gynllwyn go glyfar!

Ond wedi imi gyrraedd y swyddfa roedd 'na brysurdeb a finnau'n boddi mewn gwaith erbyn 11 y bore ac wedi anghofio am y tric ac anghofio pa ddiwrnod oedd hi hyd yn oed. Ond dyma Glyn drwodd o'r brif fynedfa a deud bod 'na rywun wedi bacio i mewn i fy nghar yn y maes parcio. Doedd dim gwên, roedd yn dweud hyn yn ddigon seriws! Doedd hyn ddim yn jôc gan fod 'na lori wedi mynd ag un ochr i'r car yr wythnos cynt, ac roeddwn wedi cael tolc yn nrws y dreifar yr wythnos cyn hynny yn yr Eisteddfod Genedlaethol ac roedd pawb yn eithaf ymwybodol bod fy nghar yn fwy o sgriffiadau nag o'r paent *jet black* oedd o i fod.

Felly dyma fynd allan i weld y car yn sefyll yn union ble y parciwyd o y bore hwnnw, ac wedi stydio sylwais nad oedd sgratsh ychwanegol! Ac roedd Glyn yn y ffenest yn gwenu ac yn chwerthin! Nid dyma'r tro cyntaf na'r tro olaf a dwi ddim yn meddwl imi lwyddo i gael jôc ar ei ben yntau er inni chwerthin llawer am bethau gwirion.

Daeth fy nghyfnod da a hapus i ben yn swyddfa'r *Cymro* pan es i ar gyfnod mamolaeth ac aeth Glyn am gyfnod i'r Wladfa. Pan ddychwelais nid Glyn Evans oedd wrth y llyw mwyach ac ni fu pethau 'run fath yn swyddfa'r *Cymro* ac wedi cyfnod o dri mis penderfynais ddechrau gweithio gartref fel llawrydd. Roedd yr hiraeth am ddysgeidiaeth Glyn yn fawr ac roedd yr hwyl wedi diflannu o'r gweithle.

Er nad oeddem yn gweithio gyda'n gilydd fe gadwon ni gysylltiad ac roedd ein sgyrsiau ar y ffôn yn gymysgedd o dipyn o *gossip* a newyddion y dydd. Roedd Glyn yn ymwelydd cyson â ni yma yn Nolhendre ac roedd ei ddiddordeb yn ein bywydau a bywydau'r plant yn hyfryd, a sgwrsiai gyda phob un o'r plant gan ddangos diddordeb yn beth bynnag yr oedd y plant yn ei fwynhau. Byddai'n siarad am oriau gyda Caio am bysgota ac adroddai ei hanesion yn ystod cyfnod hapus iawn yn ei fywyd yn magu teulu yn y Waun, Penisa'r-waun. Dwi'n edifar na fyddwn wedi ysgrifennu ambell i stori i lawr er mwyn eu cadw. Ond mi rydan ni ar fai yn rhyw edifar pan mae hi'n rhy hwyr.

Roedd Glyn yn siarad yn gyson am ei deulu yntau hefyd, a'i falchder o'u llwyddiant mewn bywyd yn amlwg.

Daeth tro ar fyd a chyfle i Glyn a minnau gydweithio unwaith eto. Gydag ymweliad yr Eisteddfod Genedlaethol â'r Bala, dyma benderfynu creu cylchgrawn *one off* ar gyfer yr wythnos.

Roedd Glyn yn barod i helpu a bu i'r ddau ohonom gydweithio. A dyma ddychwelyd yn ôl i gyfnod hapus o ran gyrfa, cydweithio gyda'n gilydd i greu cylchgrawn ac roedd y ddau ohonom wrth ein boddau. Aeth *WA-w!* yn gylchgrawn misol a byddai Glyn yn ymwelydd cyson â Dolhendre a phawb yma yn ei adnabod ac yn mwynhau sgwrs yn ei gwmni. Dwi'n cofio fy nhad yng nghyfraith yn gofyn iddo a oedd o'n adnabod y Colleen 'ma, a dweud dim fyddai Glyn ond byddai'n chwerthin wedyn yn nistawrwydd y swyddfa! A Colleen oedd yr *hit* yn *WA-w!* gyda nifer yn amau mai Glyn oedd y sgriblwr ond dim llawer o neb yn gwybod yn iawn. A braf oedd clywed geiriau Gwilym Owen ar fore dydd Gwener yn canmol doniolwch crafog pigog Colleen yn dilyn ymddangosiad *WA-w!* bob mis.

Roedd ganddo ddawn arbennig i gymryd golwg chwareus ar newyddion yng Nghymru ac fel y dywedodd Gwilym Owen ei hun, rhoi pin mewn ambell swigen. Yn berffeithydd o newyddiadurwr Cymraeg.

Sgwrsiais gyda Glyn bythefnos cyn iddo farw ac roedd yn edrych ymlaen at fynd ar daith i'r Alban gyda Bethan, Ian a Gwennan. Ond yn ystod yr alwad honno roedd yn cwyno am ei iechyd a dywedodd ei fod yn cymryd pob dydd ar y tro. Ond roedd yn awyddus iawn inni gydweithio ar *WA-w!* arall yn barod ar gyfer yr Eisteddfod Genedlaethol eleni a dywedodd fod ganddo ambell i sgribl ar gyfer Colleen.

Ni feddyliais erioed mai dyma fyddai ein sgwrs olaf. Mae hi'n gyfnod du iawn yma o golli Glyn annwyl a bob tro y byddaf yn meddwl amdano, bydd pwl o hiraeth yn cydio'n dynn ynof am y gŵr a fu'n ddylanwad anferth ar fy mywyd i, ac yn wir fe ddaeth Glyn â golau i'n bywydau ni i gyd. Dim ond meddwl amdano sydd rhaid inni ei wneud i godi gwên a chwerthin. Roedd hwyl o'i gwmpas, hwyl iach, werinol. Ie un hwyliog oedd Glyn, yn bachu ar unrhyw gyfle i dynnu coes.

Dwi ddim yn credu y byddwn i yn y byd ysgrifennu oni bai am Glyn a dwi'n siŵr y byddai nifer o newyddiadurwyr yng Nghymru heddiw yn cydnabod iddynt fod yn lwcus iawn o gychwyn eu gyrfa ar bapur newydd *Y Cymro* ac o'r mentor a gafwyd yn Glyn, gyda llawer iawn wedi parhau yn y maes yn dilyn eu cyfnod yn ei gwmni.

Roedd Glyn hefyd yn dipyn o ffotorgaffydd. Oedd, mi oedd o'n beryg bywyd gyda chamera! Mi fyddai'n cael ei weld ym mhob Steddfod, y bac pac ar ei gefn, papur a'r pensil ac wrth gwrs y camera. Mi fyddai Glyn yn cael lluniau na fyddai ein hanner ni yn mentro eu tynnu. Lluniau o feirdd a sêr teledu yn cysgu er enghraifft, ac mi fyddai'n chwerthin yn braf wrth sicrhau gofod i'r llun yn y papur.

Ie, roedd hwyl a chwerthin i'w gael yn ei gwmni ac oherwydd ei gymeriad hoffus a diymhongar roedd ganddo gylch mawr o gyfeillion ac edmygwyr. Roedd yn barod i roi cyfle i bawb, beth bynnag eu cefndir. Roedd rhywun yn teimlo'n well ar ôl bod yn ei gwmni, roedd o fel potelaid o ffisig, yn donic llwyr.

Ydi, mae hi'n gyfnod du o golli un mor arbennig ond do, fe ddaeth Glyn â golau i'n bywydau ni i gyd.

Colofn Hogan Goman

[gan Glyn Evans]

(o'r cylchgrawn, *WA-w!*, Mai 2001)

Wel, dyna hynna drosodd. Alla i ddim credu peth mor braf ydio cael tynnu'n sgidia a gwisgo hen fflachod cyffyrddus am 'y nhraed eto, 'fatha byddwn ni'n deud yn Sir Fôn.

'Nôl y papura, mi ath *Y Dwrnod Mawr* yn iawn. Mwy o bobol wedi bod yn 'y ngwylio ar y bocs nag sydd wedi gweld *Pobol y Cwm* o'i gychwyn cynta un – sôn am *Pobol*, biti am Tysh yndê? Ond o lia mi gafodd fyw i weld y briodas.

Ia, mi ath y dwrnod yn iawn – er mi fyddach chi'n meddwl y bydda'r Rowan Williams 'na wedi rhoi crib yn 'i wallt a châl sief. Mi wnath o i mi gosi drosta'i.

A be wnaethoch *chi* o'r hen ddyffar Huw Edwards 'na ar y bocs yn nabod neb o'r gests pwysig 'nôl y papura – ond dyna fo be dach chi'n ddisgwl gan rywun sydd ddim yn un o'r byddigions 'fatha'r Dimbylbis?

Go brin y bydd y BBC yn galw arno *fo* yn ôl. Wn i ddim be 'sa'i dad o wedi ddweud.

Dwi ddim yn siŵr oedd o'n gwbod pwy oedd Mâ-âm a Dadi Sandringham hyd 'noed – fel dwi'n câl 'u galw nhw rŵan mod i wedi dŵad yn Dduges Caergrawnt, Iarlles Strathearn a Barwnes Carrickfergus dros nos.

143

Ddim yn bad am hogan gyffredin – *commoner* – o Sir Fôn. Hogan Goman fel 'dan ni Fonwysion yn deud ac mi rydw i'n prysur ddŵad mor goman ag unrhyw un o genod Berffro. Niwbwrch hyd 'noed.

A gwatsiwch chi'r sbes 'ma, mi fydda i'n Fonwysan *Fam* Cymru pen dim rŵan unwaith ga'i dynnu'n staes ac i Meinabs gael syrfisio'i Willycoptar os dach chi'n dallt be s'gin i. ('Dan ni'n sgut am dipyn o smyt ochra Bodorgan 'ma.)

Ond dyna ddigon amdana fi – ymlaen at betha erill. Be oeddach chi'n feddwl o'n ffrog i? Jyst mod i dipyn bach yn flin i'r blwmin Pippa 'na drio mynd â'r sylw i gyd odd'arna'i efo'i hen ben ôl tjchîci fel bydda Gwyn Tom wedi'i sbelio fo. Wedi'r cyfan chwaer fawr ydi hi – *Fi* ydi hogan ddel y teulu. Tric dan din iawn ddwrnod prodas rhywun yr hen rech o Bipa Binc ag ydi hi.

Sôn am helicopitars; be dach chi'n 'i neud o'r busnas Obama ben Landing 'ma? Doedd hi ddim yn wsnos dda iawn iddo fo'r hen dlawd nac oedd.

Fel tasa cael ei siomi o fod heb gael gwahoddiad i'r briodas yn ddigon *(roeddan ni ofn i'w locsyn o fynd i drio paru efo un Rowan Williams)* cael 'i ladd wedyn gan haid o'r Merician SEALS 'na.

Dydio'n glyfar sut maen nhw'n 'u trenio nhw i wneud y petha 'ma dwch?

Mi fedar rhai ddal pêl ar flaen 'u trwyn – mi gwelis i nhw yn Sw Colwyn Be. Oes, mae gin i lot o amsar i forloi – 'nenwedig rŵan bod nhw'n medru fflio helicopitars a dim ond crashio un o bob pedair. Ella 'sa lesyn gyn Wili Ni o fudd.

Beth bynnag, dwi'n gwbod yn iawn sut oedd o, Ben Landing, yn teimlo.

Reit dan y don.

Ond dyna chi, amball i ddwrnod does 'na ddim byd yn mynd yn iawn i rywun fel y gwn i'n iawn – roeddan nhw wedi rhedag allan o Smôcd Samon yn Waitrose Borth echdoe a neb yna, wrth gwrs, i dynnu llun pan dach chi isio nhw.

Rŵan cym on. Tasa rhywun wedi câl 'i ladd ar yr A55 mi fydda fo dros y Deili Post i gyd yn llunia ac yn bob peth. Mi fuo raid i Wili Ni neud efo tun tiwna ar 'i grwtons yn y diwadd.

Ond hei, dydw i ddim isio mynd â'ch *WA-w*! chi i gyd felly mi ro'i'r gora iddi hi rŵan.

Beth bynnag ma gynnon ni Hyni Mŵn i fynd arno fo ac mi rydan ni'n disgwl Rhun ap Iorwerth BBC draw am banad unrhyw funud.

Dodd o'n ydrach yn rêl boi ar balmentydd Llundan Fawr ddiwrnod y briodas? Wedi arfar ar strydodd Llangefni a Bangor nosweithia Sadwrn siŵr i chi.

Ac o mi enjoiodd o'i hun welsoch chi rioed rotsiwn beth mewn siwt newydd a gwên ddigon i ddallu 'rhen Gybi Felyn stalwm.

Mi *faswn* i wedi gwahodd Dylan Jones – BBC eto – i bicio draw hefyd (wedi'r sbred roddodd o inni ar Redio Cymru *Y Diwrnod Mawr*) ond hen natur tynnu'n groes efo pawb sydd iddo fo. Nid 'fatha Rhuni sy bob amsar yn bictiwr o ddesant.

Felly, 'Pasiwch pan fyddwch chi'n galw nesa,' ddudis i wrth Dylan.

Beth bynnag, hwyl am y tro, mi wna i'ch cadw chi'n posted efo unrhyw ddifelopments . . . a riportio sut aeth hi ar yr Hyni Mŵn unwaith bydda'i 'di câl y nghefn ata'i.

Cadi xxx

Siom

Stori fer gan Glyn Evans

Y *Cymro* 19 Rhagfyr 1968

'Wyt ti'n mynd i'r parti nos fory?'

'Tydwi rioed wedi methu noson o yfed cyn y Dolig o'r blaen.'

'Nos dawch.'

'Nos dawch.'

Ceisiodd Betsan Williams fynd i gysgu wedi clywed Ieuan yn bolltio'r drws ffrynt a cherdded i'r gegin. Clywodd sŵn crochganu'r radio oddi tani a gwyddai nad oedd ond troi a throsi amdani am un awr fan leiaf.

Byddai Ieuan allan yn yfed eto fory.

'A hel merched hefyd, goelia i.' Meddai llais ei gŵr o'i fedd.

Stwffiodd Ieuan weddill y frechdan fêl i'w geg a llusgo'n ddistaw i'w wely rhag deffro'i fam. Tynnodd wyneb ar ddrws ei llofft wrth basio.

Daeth arogl ei frecwast i fyny'r grisiau i'w ddeffro. Rhoes ei law uwch ei ysgwydd i chwilio am ei ben. Sylweddolodd mai'r boen oedd ei ben.

'Ieuan, mae'n amser iti godi ers meitin.'

Wnaeth y waedd les o gwbl iddo. Rhegodd ei fam. Brwydrodd i'r ystafell molchi. Syllodd yn hir ar ei wyneb gwelw yn y drych.

Y llygaid coch a'r farf fel sofl du.

'Mae'n rhaid imi siafio. Damio.'

Plannodd y brws yn y sebon, a'i daenu dros y drych.

'O am ddiawl o ddiwrnod. A hwnnw heb ddechrau eto.'

Aeth am frecwast heb siafio.

'. . . da Mam. Ddim eisiau brecwast. Syth i'r gwaith.' Hen ddynes gas.

Eisteddai Rhian y tu ôl i'w desg yn trin ei hewinedd. Deuai Ieuan Williams i fewn unrhyw funud.

'Mae o'n ffabiwlys. Yn rial ffabiwlys,' meddyliodd.

'Bore da Mr Williams,' meddai'r porthor.

'Ydi o ddiawl.'

Gwibio drwy'r lloriau yn y bocs bach. Fel arch i'r nefoedd. 'Llawr saith, nefoedd ar y ddaear,' meddai dyn yn y lifft.

Chwarddodd dros ei jôc feunyddiol. Ceisiodd Ieuan wenu.

Trimins Nadolig yn edrych yn od o hen ffasiwn mewn adeilad mor fodern. Cathrin yn ymestyn o ben y ddesg i'r to i osod rhagor. Pen ôl bach smart i wincio – ar rywun.

Safodd am ennyd gan obeithio y buasai'n ymestyn rhagor. Daeth i lawr oddi ar y ddesg. Gwenodd arno pan sylweddolodd ei fod yna.

'Dim ond y dim.'

'Ydach chi'n dŵad i barti'r offis heno?' gofynnodd Rhian. Gwên siriol. Swil.

'Fwy na thebyg, rywbeth yn y post?'

'Eisio ateb rhain heddiw. Wnaiff rheina wedi'r gwyliau.'

'Mae gen i gythral o gur yn fy mhen. Gweithio'n hwyr neithiwr. 'Sgynnoch chi rywbeth Rhian?'

Aeth i nôl tabledi. Mor braf yw cael gwneud rhywbeth i Ieuan Williams. Ei gwaith cyntaf wedi gadael yr ysgol. A meistr mor ffabiwlys.

Gwyddai ei bod mewn cariad ag ef. Gobeithio y byddai'n hoffi'r tei a brynodd iddo.

'Panad Ieuan,' meddai Walter gan fwrw'i law ar ei gefn.

Fuo fo erioed yn agosach at farw.

Teimlai Rhian y boen. Sut gallai'r hen Walter feddwl budr yna wneud y fath beth? A Mr Williams druan yn gweithio'n hwyr gartref am ei fod yn gwneud gwaith tri o leiaf.

'Peidiwch ag edrych fel'na Rhian. Fyddwch chi ddim yn forwyn am byth.'

Gwridodd.

Gallai roi cyllell yng nghanol Walter Prydderch.

'Mi fedra i roi present Dolig i chi.'

'Gad lonydd iddi Walt. Tyd am y baned 'na.'

O, mae Mr Williams yn ffabiwlys. Dim ond diodda'r hen Walter yna rhag codi helynt mae o. Mae'n ddigon hawdd dweud.

'Wyt ti'n mynd allan heno?'

'Yndw Mam. Fydda i ddim yn hwyr. Ond peidiwch â disgwyl i fyny.

'Nos da Mr Williams,' meddai'r porthor.

'On'd ydi hi hefyd. Dolig Llawen i chi.'

'Llawr saith, nefoedd ar y ddaear,' meddai dyn y lifft.

'Rhaid imi beidio cadw Duw i ddisgwyl. Dolig Llawen.'

Llithrodd y drysau ynghau a mygu chwerthin y dyn.

Clywai'r miwsig o'r ystafelloedd gweinyddol. Gwydrau'n clinician.

Llond pobman o ysbryd y Dolig. Byddai hon yn noson i'w chofio.

'Noson cyn Dolig ac mae o allan yn yfad.'

'A hel merched goelia i.' Roedd Wmffra Williams bob amser yn iawn.

'Dim byd ar y teledu na'r weiarles. Fasa rhywun yn meddwl y

basan nhw'n cael dipyn o ganu carola neu rwbeth Doligaidd. Tasa Wmffra'n fyw fasa fo ddim yn gadael i Ieuan gomowta allan fel mae o. A job dda ganddo hefyd. Y ffŵl gwirion.'

'. . . dyma fi'n deud, "Os ma dy nicyrs di ydyn nhw mae'n well iti cael nhw'n ôl." Sôn am chwerthin. Hwda, Ieu, dyma iti ddiod arall.'

'Ddim am funud, Walt.' Sut mae o'n medru diodde'r Walter Prydderch yna? A fynta'i hun mor ffabiwlys. Addolai Rhian Ieuan o'r pellter. Roedd hi mor ofnadwy o sicr ei bod mewn cariad â fo. Efallai nad oedd o wedi agor ei pharsel eto. Dyna pam nad oedd yn gwisgo'i thei.

'Ella gwnaiff o ofyn imi ddawnsio efo fo'n y munud.'

'Mae dy glarces di yn edrych yn dipyn o slashar heno. Mi ddylat ti fod yn iawn yn fan'na Ieu.'

'Ti'n meddwl'?

'Syrt iti.'

Tywalltodd Betsan y taffi triog i'r plât i galedu.

'Dyna fo y Steffin yn barod rŵan.'

Eisteddodd o flaen y tân. 'Gobeithio na fydd o ddim wedi meddwi.'

Agorodd ei pharsel i Ieuan eto. Byddai'n siŵr o hoffi'r anrheg. Roedd o'n hen fachgen iawn yn y gwraidd. Braidd yn afreolus efallai. Diffyg tad yn y tŷ debyg. Wmffra druan. Chafodd o rioed fawr o amser efo'i fab.

'Mae o'n iawn y rhan fwyaf o'r amser Wmffra. Ydy wir, yn edrych ar ôl ei fam gystal ag unrhyw fachgen arall. Ond ddim 'run fath â chi Wmffra. Ar y Dolig fel hyn bydda i'n eich colli. Bydda, mi fydda i'n eich colli'n arw amser Dolig.'

Llithrodd deigryn i lawr ei grudd.

Gwyddai fod Wmffra rywsut yn adnabod ei fab.

'Mae hi mor braf cael dawnsio efo Ieuan Williams. Ac mae o

wedi dweud y ca i alw fo'n Ieuan tu allan i'r swyddfa. Biti bod Mam wedi siarsio fi i fod yn y tŷ erbyn un ar ddeg. Mae o'n siŵr o feddwl ma hen fabi ydw i.'

Sipio sieri a'i wylio. A'i garu. Ei garu gymaint.

'Tasach chi ond yn medru dŵad yn ôl am heno Wmffra mi fuaswn i mor hapus. Dim ond inni gael siarad am bethau fel o'r blaen. Y chi a fi. Does yna ddim ar yr hen deledu yma. Ac mae'r taffi triog jest yn barod. Mi fyddwch chi'n lecio hwnnw. 'Sgen Ieuan fawr i ddweud wrtho. Ond mi fydda i'n lecio gwneud peth ar gyfer y Dolig. Wedi'i wneud o bob blwyddyn ers i chi fynd Wmffra. Rhag ofn. Dim ond am sgwrs fach Wmffra. Heno.'

Llithrodd Rhian a Ieuan o'r sŵn i ystafell BJ.

'Tydan ni ddim i fod yn fama Ieuan.'

'Fydd neb ddim callach Rhian, ac mae gen i eisiau'ch gweld chi ar ben eich hun. Inni gael sgwrs fach. Drychwch mae 'na soffa yn fan'na.'

Lled-orweddodd y ddau ar y soffa. Yr ystafell yn lled olau.

Gwyddai Ieuan y gallai pethau fynd yn dda. Gwyddai Rhian fod ei breuddwydion gwylltaf ar fin dod yn wir. Ei Ieuan hi'n ei chofleidio. Yn agos ati yn ei chyffwrdd a'i gwasgu ato. Byddai hwn y Dolig gorau erioed.

'Syrt iti,' meddai Walter wrtho.

Yn ddistaw bach ym meddwl Ieuan.

'Mae gen i ofn yma ar ben fy hun Wmffra. Mi fydda i'n teimlo yn annifyr hebddoch chi. Pam na ddowch chi? Dim ond am heno. Hwn fydd y Dolig gorau wedyn. Y Dolig gorau un. Yn well na Dolig plant bach hyd yn oed. Fydd dim eisiau dweud wrth Ieuan. Na neb arall. Sicred fach rhyngddon ni. Y chi a fi. Fel ers talwm. Does dim byd gwerth sbio arno fo ar y teledu. Mae gen i'ch eisio chi Wmffra.' Roedd Betsan Williams yn chwys ac oer. A'r tân bron diffodd.

Gwylltiodd Ieuan.

'Yr hen gnawes fach. Yn arwain ymlaen fel'na i ddim. Mae'r diawled i gyd yr un fath. Dim ond rhyw bryfocio ddiawl. A chwarae o gwmpas. A gwneud i rywun deimlo rêl ffŵl. Mi rydw i'n mynd,' meddai.

'Ond Ieuan ddylen ni ddim. Ddim yn fama. Tydio ddim yn iawn.'

Ymbalfalai Rhian gyda botymau ei ffrog. Fuo hi rioed mor ofnus.

Am funud edrychai Ieuan mor fawr. Teimlai mor gryf.

Caeodd y drws ar ôl Ieuan.

'Pam, pam, pam?'

Teimlai Rhian mor drist. Sychodd ei llygad.

'Helô Mam.'

'Chi sy 'na Wmffra?'

'Wmffra? Naci, fi, Mam. Ieuan. Wedi dŵad adre'n fuan am ei bod hi'n Ddolig.'

'Damia chdi, hogyn! Wnaiff o byth ddŵad rŵan. Rwyt ti wedi difetha popeth. Damia chdi.'

'Wnaiff pwy fyth ddŵad? Pam dach chi'n crio Mam?'

Cofio'r gŵr diwyd yn y gornel

Gwilym Owen

'Sut dempar sy arnat ti'r bore 'ma?' Dyna fyddai cyfarchiad
cyntaf y dyn barfog a fyddai wedi bod yn colbio ei gyfrifiadur yn
ddidostur am rai munudau cyn sylwi fy mod wedi dod i mewn
at fy nesg yn ei ymyl yn ystafell newyddion y BBC ym Mangor.
Mi fyddai wedi troi naw erbyn hynny ond roedd Glyn Evans, y
gŵr diwyd yn y gornel, wedi bod wrth ei waith ers teirawr a mwy
yn sicrhau fod Gwasanaeth Ar lein Cymraeg BBC Cymru yn un
o'r safon uchaf posibl. A hynny yn dilyn taith car ddyddiol o
Brestatyn i Fangor. Doedd dim rheidrwydd arno i wneud hynny
ac fe ofynnais i iddo lawer tro ar y cychwyn – Pam? Ond chefais
i rioed ateb – dim ond tawelwch oedd fel petai yn awgrymu nad
oedd o'n ddim o'm busnes. Ac fe ddysgais fy ngwers.

Er fy mod i wedi dod i gysylltiad ag o dros y blynyddoedd – yn
enwedig pan oedd o'n Olygydd effeithiol ar *Y Cymro* – eto dim
ond yn ystod y cyfnod y bu'r ddau ohonom yn gwasanaethu'r
BBC ym Mangor y deuthum i i'w adnabod yn iawn. A braint fu
hynny. Mi fyddwn i yn rhyfeddu wrth ei weld o'n saernïo ei
gyfraniadau niferus gydag arddeliad llwyr – doedd dim pall ar
ei sgwennu a doedd o ddim fel petai yn gweld na chlywed dim
o'r holl symud a siarad a ddigwyddai o'i gwmpas. Byddai Glyn,
y newyddiadurwr praff ag oedd o, wedi ymgolli yn llwyr yn y

tasgau a osododd iddo'i hun. Dim ond y gorau oedd yn dderbyniol iddo bob amser. Dyma stori ei yrfa fel hac a golygydd. Ac roedd o'n gwbwl gadarn ei farn ar fater pwysigrwydd parchu'r iaith Gymraeg yn ei phurdeb a'i chywreinder.

Ac er y gallai rhywun deimlo weithiau ei fod o'n greadur sychlyd a dihiwmor, nid un felly oedd o o gwbl. Yn wir roedd ganddo stôr o straeon ac atgofion ysgafn a digrif, a phan oedd yn ei hwyl byddai gwrando arno yn adrodd rhai ohonyn nhw yn brofiad diddan a phleserus iawn. Ac wrth gwrs, un o'i brif gryfderau oedd ei ddawn i ddychan pob agwedd ar y bywyd Cymreig. Roedd sylwadau Colyn Pigog yn *Y Cymro*, a gwirioneddau Coleen, gwraig Colyn, yn *WA-w!* yn enghreifftiau o'r dychanu newyddiadurol gorau a welwyd ac a welir byth yn y wasg Gymraeg. Ac eto, bob tro y mentrais i awgrymu iddo fo mai fo oedd y Colyn a'i wraig – wnaeth o ddim ond gwenu y tu ôl i'w farf a throi at ryw bwnc arall. Ie, un fel'na oedd Glyn. Doedd dim pwrpas deud dim mwy. Ond, beth bynnag am hynny, mi ddylai rhywun yn rhywle fynd ati i baratoi cyfrol o ddywediadau Mr a Mrs Colyn B. Jones dros y blynyddoedd y buon nhw'n parablu wrth y genedl. Gallai cyhoeddiad o'r fath fod yn sbardun i rywun fynd ati i ddilyn Glyn Evans mewn maes yr oedd yn gymaint o feistr arno. A maes y mae mawr alw amdano yn ein gwasg Gymraeg neis neis y dwthwn hwn.

A gorffen efo un digwyddiad bach arall a erys yn fy nghof am byth. Y fi ar gefn fy ngheffyl un bore yn deud fy neud am ryw benderfyniad golygyddol rhyfeddol o fewn y BBC. Ac efallai yn mynd i ormod o hwyl. Yn sydyn dyma Glyn yn rhoi caead ar fy mhiser. Medda fo'n dawel heb godi ei ben bron, 'Dwi'n cytuno efo chdi. Ond, cofia di mae'r ddau ohonon *ni* wedi hen basio ein *sell by date* yn y Gymru newydd hon!' Swaden galed iawn ond un yr oeddwn yn barod i'w derbyn gan Glyn! Coffa da amdano.

Yn barod i estyn cymorth

Aled Williams

Cefais y fraint o weithio gyda Glyn yn y BBC ym Mryn Meirion ym Mangor fel rhan o'r gwasanaeth ar-lein am nifer o flynyddoedd.

Roedd Glyn bob amser yn barod i estyn cymorth ac i roi cyngor os oedd angen ond yn fwy pwysig i mi oedd y cyfeillgarwch – roedd wastad yn gwmni difyr.

Roedd 'na lot fawr o chwerthin, lot o dynnu coes a digon o straeon doniol – fel yr adeg pan fu'n Siôn Corn ar gyfer yr ysgol yng Nghefn Mawr ac yn ofni bod un o blant yr ysgol wedi ei adnabod.

Bûm yn gweithio ar *Y Cymro* ychydig flynyddoedd ar ôl ei gyfnod fel Golygydd ond roeddwn yn mwynhau clywed am ei atgofion o'r papur – roedd hi'n amlwg fod y papur yn golygu lot fawr iddo.

Gyda gwasanaeth newydd Cymru Fyw wedi ei lansio gan y BBC yng ngwanwyn 2014, mae'n werth cofio'r cyfraniad mawr a wnaeth Glyn at wasanaeth arloesol Cymru'r Byd.

Llwyddodd i bontio'r byd print traddodiadol gyda'r byd ar-lein arloesol newydd yn hynod lwyddiannus.

Chwaraeodd ran allweddol yn natblygiad y gwasanaeth

hwnnw ac roedd ei waith yn yr Eisteddfodau, yn enwedig, yn brawf o'i ddawn a'i ymroddiad fel newyddiadurwr.

Mae'n siŵr fod stafell y wasg yr Eisteddfod Genedlaethol ym Meifod eleni yn lle rhyfedd hebddo.

Roeddwn yn falch iawn pan ofynnodd Glyn i mi gyfrannu erthyglau o bryd i'w gilydd i gylchgrawn *Yr Enfys* y bu'n ei olygu ar ran y Cymry ar Wasgar. Roedd ei ymroddiad i'r *Enfys* yn hynod, nid yn unig oherwydd mai ef oedd yn gyfrifol am gynnwys y cylchgrawn, ond hefyd y dylunio.

Mae'r byd newyddiadurol Cymraeg yn lle tlotach hebddo.

Addfwyn ac Annwyl

Aled Glynne Davies

Ganol y saithdegau oedd hi. Ro'n i'n 17 oed ac yn bwyta fy mrecwast yn ein cartref ni ym Mangor. Dwi'n cofio fy nhad, T. Glynne Davies, yn mynd i nôl y papurau newydd oedd newydd gael eu postio drwy'r drws. *Y Cymro* oedd y papur cynta iddo ei ddarllen. Dwi'n cofio Dad yn deud bod rhywun wedi adolygu ei nofel *Marged*. Mi aeth hi'n reit dawel yn y gegin wrth i Dad ddarllen yr adolygiad. Ac yna'r floedd a'r papur yn sgrialu dros y lle. 'Drycha be mae'r boi 'ma 'di ddeud am *Marged* – jysd drycha.' Glyn Evans oedd wedi adolygu'r nofel ac mae'n amlwg, wrth weld Dad yn neidio o gwmpas y lle yn bytheirio, fod Glyn wedi dweud rhywbeth reit giami am y llyfr.

Dwi'n cofio meddwl bryd hynny na faswn i byth isio gweld y Glyn Evans 'ma. Roedd gen i lun ohono yn fy mhen efo llygaid coch a rhyw gyrn yn sticio allan o'i ben.

Mi aeth ugain mlynedd heibio. Erbyn hyn ro'n i'n Olygydd Radio Cymru. Ro'n i yn reit gyfarwydd â gwaith sgwennu Glyn a oedd, erbyn hyn, yn Olygydd *Y Cymro*. Ro'n i wrth fy modd efo'r ffordd yr oedd yn sgwennu mor naturiol – roedd hi'n hawdd deall ei straeon ac mi roedd hefyd yn gwybod sut i sgwennu'r straeon mewn ffordd ddiddorol ac apelgar.

Ro'n i hefyd, fel newyddiadurwr, yn credu'n gryf y dylai bwletinau ac adroddiadau newyddion Cymraeg y BBC gael eu sgwennu'n glir a dealladwy – a dyna ddaeth â ni'n dau at ein gilydd am y tro cynta. Mewn cydweithrediad â'r ieithydd J. Elwyn Hughes mi benderfynon ni ddarlledu bwletin newyddion nosweithiol ar gyfer dysgwyr ar Radio Cymru. Roedd y bwletinau yma'n cynnwys ambell gyfieithiad o air neu gymal cymhleth. Mi gafodd y geiriau hynny eu cyhoeddi'n wythnosol yn *Y Cymro* ac mi drefnodd Elwyn fod llyfryn rhad ac am ddim yn cael ei gyhoeddi oedd yn cynnwys y geiriau hynny.

Ychydig flynyddoedd wedyn mi ges i gyfrifoldeb ychwanegol – arwain y tîm fyddai'n creu gwefan Gymraeg gyntaf y BBC. Roedd hwn yn fyd newydd sbon i lawer iawn ohonon ni. BBC Cymru'r Byd oedd enw'r wefan bryd hynny – roedd llawer yn cyfeirio ati fel 'Papur Newydd Cymraeg ar y we'. Ro'n i mor falch fod Glyn Evans wedi ymuno â ni yn ystod yr adeg gyffrous yma.

A deud y gwir, do'n i ddim yn siŵr sut fyddai Glyn yn setlo mewn lle mawr fel y BBC ar ôl gweithio i dîm mor fach â thîm *Y Cymro*. Ond o'r eiliad cynta mi ddaru Glyn gymryd ei le yn iawn – roedd pawb wrth eu boddau efo'i gwmni. Mi fyddai'n cyrraedd bob bore efo bag ar ei gefn cyn mynd at ei gyfrifiadur a sgwennu a sgwennu a sgwennu. Roedd wastad yn cario ei gamera ac yn gweld pob cyfle i dynnu llun ar gyfer Cymru'r Byd. Yn y byd digidol newydd 'ma, roedd hi'n anhygoel sut ddysgodd Glyn sgiliau newydd – o fewn dim roedd yn sgwennu, tynnu lluniau ac yn gosod y straeon ar y we heb help unrhyw un arall.

Mae Glyn yn haeddu llawer iawn o glod am lwyddiant BBC Cymru'r Byd. Roedd yn rhan annatod o'r tîm – yn gwybod be oedd stori dda a sut i'w sgwennu'n dda. Roedd yn gydweithiwr gwych, yn dynnwr coes ac yn ddireidus. Un peth gofia i am byth ydi'r ffordd yr oedd yn parchu pobol eraill. Roedd Glyn yn hŷn na'r rhan fwya ohonon ni ond roedd mor ifanc ei ffordd ac wrth ei fodd yn gweithio gyda phobol ifanc. Dros y blynyddoedd, dwi wedi cyfarfod â sawl un sy'n lladd ar waith pobol ifanc. Ond roedd Glyn yn wahanol. Roedd yn fwy na pharod i helpu a rhoi cyngor i bobol – chlywais i rioed mohono'n lladd ar neb.

Dwi mor falch fy mod i wedi dod i nabod Glyn – ac mi alla i gyhoeddi nad oedd ganddo lygaid coch na chyrn yn ei ben. Mi alla i gadarnhau un peth arall hefyd: Glyn oedd un o'r dynion mwya addfwyn ac annwyl imi ei gyfarfod erioed.

Adolygiadau Cymru'r Byd

gan Glyn Evans

§ ***Nesa Peth i Ddim*, Meic Povey,** Gwasg Carreg Gwalch.
£7.50

14 Gorffennaf 2010

[Gyda chlip sain o Meic Povey yn cael ei holi ar Wythnos Gwilym Owen Gorffennaf 12 2010.]

Gellid fod wedi galw hwn yn 'Hunangofiant Iors Trwli', gymaint mae'r ymadrodd yn cael ei ddefnyddio yn y llyfr. Aeth y gorddefnydd ar fy mrêns i dipyn bach. Fel arall mwynheais yr amser a dreuliais yng nghwmni Meic Povey. Weithiau, mae'r llyfr yn fwy fel sgwrs â'r darllenydd nag o hunangofiant ffurfiol.

Mae'n llifo'n rhwydd ac er yn edrych dipyn yn hir yn 256 o dudalennau dydy o ddim yn dreth ar amser rhywun.

Gellid disgrifio *Nesa Peth i Ddim* fel hanes un o'r bobl ffodus hynny allodd droi eu hobi yn job achos mae sgwennu yn fwy na gwaith i'r dramodydd, sgriptiwr ac actor, Meic Povey.

Mae'r hunangofiant yn stori garu deimladwy a thrist hefyd gan orffen gyda meddyliau'r awdur yn dilyn marwolaeth ei wraig yn 59 oed wedi brwydr yn erbyn canser – 'hen glefyd creulon iawn . . . yn llawn ffug orwelion'.

159

Bydd sawl un yn gallu uniaethu â'r hyn y bu'r ddau drwyddo a'r distawrwydd ysol mae'r salwch yn ei adael ar ei ôl wedi dwyn eich anwylyd.

'Mae 'na bob math o alar, a do, dwi wedi colli dau frawd a rhieni, ond does na ddim i'w gymharu â cholli cymar.'

Cyn y daith

Yr oedd hynny yn 2007 a'r awdur yn defnyddio hynny fel pennod olaf daclus a theimladwy ei hunangofiant sy'n golygu bod yr hanes yn darfod cyn taith ddadleuol Cwmni Theatr Genedlaethol Cymru gyda drama ddiweddaraf yr awdur, *Tywyll yw'r Lleuad Heno*.

Bydd rhai yn gweld eisiau ei ymateb i'r cwest a fu ar y cynhyrchiad hwnnw.

Mae Meic Povey yn un o'r bobl ffodus hynny sydd â dyddiaduron i ddeffro'i atgofion a dod â'r blynyddoedd yn fyw.

Gan gychwyn gyda 1952–1962, y blynyddoedd yw teitlau'r penodau – ac eithrio'r olaf – er mae'n gorfod cyfaddef weithiau nad yw'n cofio arwyddocâd ambell i gofnod.

Fy ofn ar y cychwyn oedd na fyddai'r hunangofiant yn ddim mwy na chatalog o ddramâu, sgriptiau, cynyrchiadau a digwyddiadau. Edrych yn debyg iawn i hynny ar un cyfnod ond yn ffodus mae gan Meic Povey ddigon o gig i wneud y sgerbwd dyddiadurol yn gorff difyr o waith, er rhaid cyfaddef bod yna weithiau demtasiwn i ddarllenydd droi dwy ddalen ar y tro!

Ond y rhan fwyaf o'r amser mae Povey yn gwmni difyr ac yn ddigon gwahanol i fod yn ddiddorol.

Yn onest – eto fyth!

Aeth yn ystrydeb yn ddiweddar brolio onestrwydd hunangofianwyr. Yn *Nesa Peth i Ddim* mae'r ystrydeb yn ffaith wrth i'r awdur drafod y merched yn ei fywyd sydd mewn priodas yn barod – Heather Jones er enghraifft.

Yn wir mae'n cyfaddef mai'r unig gymeriad mewn drama y byddai o wedi hoffi ei chwarae ar lwyfan yw'r godinebwr Gwilym Brewys yn *Siwan*, Saunders Lewis.

'Am gyfnod yn ifanc, hoffwn freuddwydio y medrwn uniaethu ag o; teimlwn fod ei ddyheadau yn gwbl ddealladwy,' meddai.

Ei roi ar ben ffordd

Mae'n talu teyrnged i Sharon Morgan hefyd am ei roi ar ben ffordd sut mae gwneud be efo be yn rhywiol.

Diau y byddai rhai wedi croesawu mwy o fanylion. Minnau yn eu plith nhw pe byddwn i yr un mor onest â'r awdur – ond rhaid bodloni ar benderfyniad yr awdur i nodi'r ffaith a'i gadael hi ar hynny.

'Sharon, heb os, ddaru wneud dyn ohona i,' meddai'r llanc oedd yn garwr trwsgl cynt.

Priod oedd y ferch a ddaeth yn gymar bywyd iddo hefyd pan gyfarfu'r ddau gyntaf.

Swyddfa twrneiod

Bydd rhai yn synnu darllen mai fel clerc yn swyddfa twrnai – digon Dicensaidd ei hawyrgylch – y Georgiaid, ym Mhorthmadog, y dechreuodd gyrfa Meic Povey ac mae'r hanes hwnnw yn ddifyr ynddo'i hun cyn iddo droi i fyd theatr a sgrifennu.

Mae Wilbert Lloyd Roberts yn berson amlwg yn y stori y cyfnod hwn.

Ymweliad carchar

Yn nes ymlaen mae disgrifiad Meic Povey o'i ymweliadau â Clive

Roberts yng ngharchar yn ddadlennol. Ond ddaw rhywun ddim i ben â rhestru popeth wrth iddo o flwyddyn i flwyddyn olrhain gyrfa a datgelu sawl peth diddorol am yr hyn y bu'n gysylltiedig â hwy.

Sul y Blodau, un o'i ddramâu gorau yn fy meddwl i, wedi ei sgrifennu ddwywaith ar ôl cael ei gwrthod y tro cyntaf.

Stori ddadlennol yw'r un amdano yn actio yn yr un cynhyrchiad ag Uma Thurman a'i farn amdani.

Byddai wedi bod yn amhosib iddo beidio â sôn am ei gyfnod yn actio DC Jones yn *Minder* ond yn cyfaddef ei fod yn cymryd ato braidd o gyfarfod pobl sy'n meddwl mai dyna ei *unig* gyfraniad.

Gwendidau

Ar adegau – yn aml, yn wir – gall fod yn ddigon difrïol ohono'i hunan gan rannu gyda ni bethau a ystyria yn wendidau personol.

Yn y Conway yng Nghaerdydd cynigiodd – 'yn ddiau mewn cyflwr "emosiynol"' – ei hun i'r bomiwr John Jenkins unwaith: 'hwyrach fy mod yn gobeithio y byddai'n dweud, "Michael, you're just the kind of man I've been looking for." Ddaru o ddim, yn hytrach dywedodd wrtha i am beidio trafferthu, ac i ddal i wneud yr hyn roeddwn i'n ei wneud yn barod . . . Medrodd John, wrth reswm pawb, adnabod dyn gwellt o hirbell; yn un peth, gwyddai na fedrai ymddiried ynof i gau fy hopran . . .' meddai.

Ar wahân i ddigwyddiadau mae'n sôn hefyd am ei grefft fel sgwennwr a'i ddaliadau personol, ei anghred a'r hyn a ystyria yn llwfrda.

'. . . gan fy mod, yn gyson ar hyd fy oes, wedi bod yn ormod o lwfrgi i weithredu ar gownt dim,' meddai wrth fynegi ei edmygedd o Emyr Llewelyn ac Owain Williams.

Y gair pwysicaf

Y gair pwysicaf i unrhyw ddramodydd, meddai, yw 'malio'.

'Os nad ydi'r gynulleidfa yn malio . . . yna, waeth i chi godi eich pac a rhoi'r ffidil yn y to ddim,' meddai.

Cael cynulleidfa i falio am gymeriadau yw her y dramodydd.

Mae ganddo air da am bwysigrwydd S4C hefyd: 'Toes yr un dylanwad yn y byd mor bwerus a damniol â gwasanaeth teledu, yn enwedig i ni yma yng Nghymru pan gloriennir effaith y diwylliant Eingl-Americanaidd ar ein plant a'n pobl ifanc. Heb os, yn wych neu'n wachul, S4C ydi'r sefydliad pwysica a feddwn fel cenedl,' meddai.

Go brin bod dadl am hynny a dyna faint y cyfrifoldeb sydd yn nwylo'r rhai sy'n rhedeg y sianel.

A dyna rywbeth i'n sobreiddio . . .

§ ***Bydoedd: Cofiant Cyfnod,* Ned Thomas,** Lolfa. £9.95
   04 Tachwedd 2010

Pan roddais i 'Ned Thomas' yn Google cefais fy arwain yn gyntaf i dudalen sy'n cychwyn fel hyn:

'Ned mainly carries out clearance work and quarry digging. Ned is sometimes clumsy, but can always be relied on by his friends.'

Un o drenau Thomas y Tank ydi'r Ned hwnnw yn Google ond 'Ned Thomas Y Byd' yw un y cofiant dipyn yn wahanol hwn.

Galwodd y llyfr yn fath o lyfr taith ac y mae sawl lle a gwlad ynddo. Neu fydoedd bychain y bu'r awdur yn byw ynddyn nhw gan gychwyn yn Lloegr, lle cafodd ei eni, yr Almaen, wedyn, yn blentyn yn syth wedi'r Ail Ryfel Byd, Rwsia, Sbaen a maes o law yn ôl i Gymru lle bu'n rhoi ei welediad rhyngwladol ar waith mewn sawl cylch.

Nid oes gwadu iddo fod yn fywyd difyr ac yn un go wahanol i'r hyn a gawn yn y myrdd – yn y gormodedd, bosib – o hunangofiannau Cymraeg a gyhoeddir y dyddiau hyn.

Y Byd

Ond er y lleoedd pell a dieithr, a'r olwg wahanol ar bethau, fuaswn i'n synnu dim na fydd nifer yn cychwyn ar eu taith i fydoedd y gyfrol hon gyda'r *Byd* ei hun – y papur newydd dyddiol Cymraeg yr ymdrechodd Ned Thomas mor ddiwyd a chyda chymaint sêl i'w sefydlu.

Dyna wnes i, beth bynnag. Wedi golwg frysiog ar y dalennau agoriadol neidio dros y lleill i dudalen 192, 'Papur Dyddiol Cymraeg? Ymgyrch *Y Byd* 2000–08.'

A chael fy atgoffa i'r diweddar R. Bryn Williams gyfeirio at fenter y Wladfa Gymraeg ym Mhatagonia fel un o fethiannau godidocaf cenedl y Cymry.

Mae'n ddisgrifiad sy'n ymylu ar fod yn un teg o 'ymgyrch *Y Byd*' hefyd – a chymryd *bod* yr hoelen olaf *wedi* ei rhoi yn yr arch honno.

Dwi'n amau y byddai Ned Thomas yn cytuno â hynny. Yn wir, rwy'n amau a fyddai ef yn cydnabod bod yna arch hyd yn oed ac mai adroddiadau o'r un waden â'r rhai am farwolaeth Mark Twain yw'r rhai am farwolaeth y fenter er mor anodd yw hi bellach i'r gweddill ohonom argyhoeddi'n hunain bod rhagor o hoedl yn y fenter honno.

Beth bynnag am hynny fe fu yna ddisgwyl ymhlith nifer ohonom sydd â'n bysedd yn y brywesau hyn am ymateb arian byw y fenter i'r diwedd siomedig.

Eglura Ned Thomas mai menter a dyfodd gyda dyfodiad datganoli oedd hi.

'Heb ddatganoli, fyddwn i erioed wedi meddwl bod papur dyddiol Cymraeg yn bosibl,' meddai.

Yn eironig iawn grymoedd datganoli a'i tarodd yn ei dalcen hefyd a Ned Thomas yn gweld hynny fel tor addewid chwerw.

Gymaint chwerwach, siŵr o fod, am mai Gweinidog o Blaid Cymru oedd yn gofalu am y pwrs allai fod wedi rhoi cychwyn i'r cyhoeddiad.

'Roedd ymrwymiad i'r papur dyddiol ym maniffesto Plaid Cymru ar gyfer etholiad 2007. Wedi'r etholiad, cyhoeddodd y Ceidwadwyr Cymreig eu bod hwythau hefyd o blaid . . . a phan gyhoeddwyd rhaglen clymblaid yr enfys (Plaid Cymru, Ceidwadwyr, Democratiaid Rhyddfrydol) roedd ymrwymiad yno,' meddai Ned Thomas gan ychwanegu: 'Mae'r ymgymeriad i'w weld yn blaen yn y ddogfen *Cymru'n Un*, rhaglen y glymblaid (Llafur-Plaid Cymru) a ddaeth yn llywodraeth.'

Dim rhyfedd bod yr ymgyrchwyr mor dalog y cyfnod hwn. 'Roedd yr un undod pleidiol tu ôl i'r papur ag oedd tu ôl i'r Sianel yn etholiad 1979,' meddai.

Ond fel gyda honno, er cystal yr edrychai pethau ar y cychwyn daeth y daranfollt ac ni ddaeth yr arian a ddisgwylid.

Ac yn ôl Ned Thomas fe wnaed mwy na drwg i'r *Byd*: 'Yr hyn wnaeth ddrwg i'r llywodraeth yng Nghymru, ac i Blaid Cymru yn arbennig, oedd y dadleuon amaturaidd ac anghyson a ddefnyddiwyd wedi'r digwyddiad i gyfiawnhau'r penderfyniad,' meddai.

Mae'n datgelu hefyd iddo gael galwad ffôn gan rywun yn cynnig protestio trwy ymprydio i farwolaeth ond nid oedd ef ei hun o blaid y math yna o weithred yn yr achos arbennig hwn.

Beth felly yw'r dyfodol? Oes yna ddyfodol? Does yna ddim dweud hynny ac mae rhywun yn siomedig nad yw'r perwyl hwnnw yn cael ei ddilyn.

Ta beth, mae'n bennod y bydd darllen mawr arni ac yn un sydd ymhell o fod wedi rhoi caead ar y piser. Bydd hwnnw'n dal i ffrwtian.

Ymgyrchydd Pencarreg

Lle nesa? Gyda'r holl wledydd dieithr eraill yn ein gwahodd mae'n debyg mai pennod am ymrafael Cymreig arall fydd yn hudo sawl darllenydd. Hanes sefydlu S4C a rhan Ned Thomas yn hynny yn un o'r triawd gyda Meredydd Evans a Pennar Davies a weithredodd yn uniongyrchol ym Mhencarreg i'w sicrhau.

Gyda'r Sianel yn gymaint o bwnc trafod y dyddiau hyn mae'n ddifyr ac yn fuddiol dychwelyd at yr hanes cynnar hwn ac mae'n ddiddorol nodi i'r gyfrol gael ei 'lansio', a defnyddio'r derminoleg gyfoes, ddeuddydd rali yng Nghaerdydd i brotestio yn erbyn toriadau arfaethedig.

A diau bod neges Ned Thomas am y cychwyn yn haeddu'r un ystyriaeth heddiw: 'Ni fydd sianel Gymraeg yn datrys holl broblemau'r iaith heb sôn am broblemau economi Cymru, ond mae teledu yn fater pwysig . . .Yn raddol sylweddolais y byddai cenedl a oedd yn bodloni ar y driniaeth a dderbyniodd ym mater y sianel yn fodlon derbyn popeth. I mi gweithred fach symbolaidd yn dangos ein bod yn gwrthod y fath driniaeth oedd gweithred Pencarreg,' meddai.

Wedi'r Rhyfel

Yn yr Almaen y cychwyn yr hanes lle'r oedd tad Ned Thomas y plentyn yn farnwr a rhan yn y gwaith o ddadnatsïo'r wlad honno wedi'r Ail Ryfel Byd.

Buan iawn y gwelwn wrth ddarllen, er bod elfennau personol iawn yn y gyfrol, yn naturiol, nad hunangofiant yn yr ystyr traddodiadol mo hwn a hyd yn oed wrth adrodd am brofiadau personol arddull y sylwebydd gwrthrychol sydd yma ac fe wnaeth yntau y pwynt mewn cyfweliad radio mai arsylwi ar bethau hyd braich y mae gan ei droi ei hun yn llygad-dyst yn hytrach nag yn wrthrych.

Ond fel y byddai rhywun yn disgwyl gan un sy'n diffinio 'bydoedd' fel yr endid sy'n bodoli o fewn ieithoedd gwahanol y bu ef yn rhan ohonynt, y mae yma fwy nag arsylwi oeraidd. Mae yma athroniaeth i ymhél â hi a sylwedd i gnoi cil arno.

A'r cyfan yn cael ei fritho gan seibiau difyr fel ei brofiad yn cael ei gwrso gan ferched dengar ym Moscow a chael ei gyhuddo o fod yn ysbïwr yng Nghymru pan ddychwelodd i fyw yng Ngheredigion yn y chwedegau.

Mae'r bennod honno yn un y bydd yn rhaid i'r rhai hynny ohonom sy'n cofio erthyglau Emyr Llew yn *Tafod y Ddraig* a'r cynnwrf achosodd hynny ar y pryd, ei darllen.

Cawn hefyd hanes cyhoeddi'r gyfrol wych honno, *The Welsh Extremist* a sefydlu'r cylchgrawn *Planet* a chanolfan Mercator.

A dyna ni. 'Welcome to my world,' ganodd Jim Reeves yn y pumdegau ac Elvis wedyn. Croeso hefyd i *Bydoedd*, cofiant Ned Thomas o gyfnodau difyr ac amrywiol yn ei fywyd.

§ *Hanes Rhyw Gymraes, Sharon Morgan*, Lolfa. £9.95
   31 Hydref 2011

Bûm yn edrych ymlaen at hunangofiant Sharon Morgan ers imi ddarllen un rhagorol Meic Povey ddwy flynedd yn ôl.

Yn hwnnw talodd Meic deyrnged i Sharon ei gariad am ei roi ar ben ffordd ynglŷn â sgiliau carwriaethol.

'Sharon, heb os, ddaru wneud dyn ohona i,' meddai'r

dramodydd a oedd, yn ôl ei gyfaddefiad ei hun, yn garwr trwsgl a di-lun cyn hynny.

Gan nad aeth o i ymhelaethu yr oeddwn i, a sawl un arall, o bosib, wrth fy modd clywed mai un o hunangofiannau'r Nadolig hwn yw un Sharon ei hun, *Hanes Rhyw Gymraes.*

Cyfle, o bosib, i ddod i wybod mwy am fedrau rhywiol gan nad yw rhywun byth yn rhy hen i ddysgu.

Gwerth chweil

Yn ogystal â bod yn un o actorion gorau Cymru y mae Sharon Morgan yn awdur llwyfan o fri hefyd ac mae ei chyfraniad dros y blynyddoedd i fyd y ddrama yn llwyr gyfiawnhau cyhoeddi hunangofiant ganddi.

Ac mae ganddi bethau gwerth chweil, a beirniadol, i'w dweud – a'u hystyried – am gyflwr y ddrama, theatr, actio a theledu yng Nghymru.

A hithau â chymaint o brofiad bydd *Hanes Rhyw Gymraes* o ddiddordeb i bawb sy'n ymddiddori yn y maes hwn.

Mae'n gyfle hefyd i ddod i adnabod Sharon Morgan ei hun yn well; dod i wybod am ei chefndir a'r fagwraeth a'i gwnaeth y ferch ag yw.

Mae'n un sy'n ymwybodol iawn o gyfoeth ei gwreiddiau yng Nghwm Aman.

'Hanes 'y nheulu trwy ddau ryfel byd a dirwasgiad, mewn cwm o'dd yn bair crefyddol, addysgol a diwylliannol lliwgar, yn llawn sŵn a mwg, yw gwraidd fy hunaniaeth i,' meddai ar dudalen gyntaf ei chofiant.

Hynafiaid

Mae'n olrhain y gwreiddiau teuluol yn ddiarbed bron yn y penodau cynnar ond er mor eithriadol ddiddorol yw darllen am

168

lwybr teuluol sy'n golygu perthynas â Ryan Davies; â hen fodryb liwgar fyddai'n sefyll i wneud dŵr; a geni plentyn o flaen y tân ar yr aelwyd, torri'r cordyn a chario mlaen â gwaith y dydd fe allai'r holl fanylder teuluol beri dryswch i rai.

Gall manylion achyddol syrthio i'r un fagl â lluniau gwyliau pobl eraill sydd o ddiddordeb angerddol i'r unigolyn sy'n gysylltiedig â hwy ond braidd yn llethol i'r sawl sy'n edrych o hirbell.

Tybed ai fi fydd yr unig un i dybio y byddai'r rhan hon o'r llyfr wedi elwa ar fwy o naddu, achos rhaid cyfaddef mai ar ôl y penodau cychwynnol hyn y dechreuodd yr hunangofiant symud i mi er iddo arafu fymryn weithiau gyda'r hyn a ymdebygai i gatalog o gynyrchiadau.

Er mwyn deall

Wrth gwrs, mae'n rhaid wrth rywfaint o'r cefndir hwn i ddeall y person yr ydym ni yn gyfarwydd â hi. Mae llawer yn y cefndir hwn sy'n egluro ei phryderon a'i safiad dros hawliau'r fenyw er enghraifft a'r annhegwch a amlygir tuag at ferched mewn cymdeithas.

'Wrth feddwl am fywydau fy nghyn-neiniau a'u teuluoedd anferth, dwi'n teimlo fel syrthio ar 'y ngliniau i ddiolch am y bilsen,' meddai ar ddudalen 38.

Ac ar ddudalem 117 meddai: 'O'dd gweld Mam, yn fenyw amldalentog, yn byw bywyd llawer rhy gyfyngedig i'w gallu, fel llu o rai eraill yn y pumdege, yn wers bwysig wrth i ddelfryd domestig y ffroge ffrili a'r jam sbynj ga'l ei gyflwyno fel pinacl uchelges benywaidd a'r rhwystredigaeth fydde hyn yn ei greu.'

Methodd ei mam â thorri'n rhydd o'r hualau er cymaint ei dymuniad: 'O'dd Mam-gu'n ymhyfrydu yn ei rheolaeth ar ei theyrnas ddomestig, tra bod Mam yn dirmygu'r domestig ac yn ei weld fel gwastraff amser pan allai rhywun fod yn gwneud rhywbeth llawer mwy diddorol a dwi wedi cofleidio'i hathroniaeth hi yn frwdfrydig,' meddai Sharon.

A dengys ei dewisiadau mewn bywyd sut y llwyddodd hi i gael ei thraed ei hun yn rhydd o'r cyffion a gyfyngai gymaint ar fywyd ei thylwyth mewn cymdeithas fwy gwrywaidd.

Ond fu hynny ddim yn rhwydd ac mae cyfres o fwy nag un berthynas a ddarfu a chariad gafodd ei hepgor wrth iddi wneud dewisiadau anodd.

Ie, er bod pethau wedi gwella efallai na ddigwyddodd hynny i'r graddau a ddymunai.

'Er i ni ennill ychydig o dir,' meddai mewn anobaith, 'mae patriarchaeth yn wydn ac fe ymladdodd gyda phob arf posib yn ei feddiant, gan olygu bod safonau dwbwl yn dal yn fyw ac yn iach yn 2011.'

Deffroad cenedlaethol

Yr un mor ddifyr yw hynt deffroad gwleidyddol genedlaethol merch na roddai ddirfawr bwys ar werthoedd iaith a chenedl nes iddi hi a Siân Edwards – merch Raymond Edwards – ddod yn ffrindiau yn Ysgol Ramadeg y Frenhines Elizabeth.

Mae'r gyfrol yn deyrnged hael i Siân a dynnodd ei hymwybyddiaeth genedlaethol i'r wyneb.

'Ar y dechre ro'n i'n gwrthod yn lân â siarad Cymraeg â Siân. I fi cai'r diwylliant hwnnw ei gynrychioli gan agweddau henffasiwn, cul ac amherthnasol. I berson o'dd yn ceisio ehangu ei gorwelion ym mhob ffordd bosib ro'dd hyn yn ymddangos yn gam am yn ôl,' meddai ar dudalen 80.

Ond erbyn ymgyrch etholiadol hanesyddol Gwynfor Evans yng Nghaerfyrddin yn 1966 yr oedd y ferch ddi-hid yn genedlaetholwraig ac mae ei darlun o'r ymgyrch etholiadol honno yn un o rannau difyrraf y gyfrol gyda berw arbennig i'r sgrifennu.

Y theatr yn gyntaf

Gyrfa sy'n troi o gwmpas y theatr yw ei hun hi yn bennaf gyda chyfaddefiad clir mai dyna'r cariad yn hytrach na'r teledu er iddi wneud ei chyfraniad ar y sgrin fach hefyd.

Mae hanes ei chyfnod cychwynnol gyda'r hen Theatr Genedl-aethol Cymru dan adain Wilbert Lloyd Roberts – un a grybwyllir gymaint o weithiau yn y llyfr – yn arbennig o ddifyr.

Yr oedd Sharon hefyd yn un o sylfaenwyr Theatr Bara Caws ac yn y bynyddoedd diwethaf trodd at sgrifennu hefyd gyda'i sioeau *Shinani'n Siarad, Ede Hud* a *Holl Liwie'r Enfys* wedi eu canmol ac fe gynhwysir sawl dyfyniad o'r ddwy olaf yn yr hunangofiant.

Rhai blynyddoedd

Wrth gyflwyno ei chyfrol adeg ei lansio dywedodd Sharon iddi gymryd 'rhai blynyddoedd' i'w rhoi wrth ei gilydd.

'Ac ynddo dw i'n gweld merch ifanc ar frys wyllt, yn trio gwasgu popeth mewn a llyncu bywyd, dw i'n teimlo'n flinedig nawr mond wrth ddarllen amdani. Ond dw i ddim yn condemnio'r egni a'r brwdfryddedd ifanc hwn, dw i'n ei edmygu, yn ei weld yn ddoniol ac yn annwyl, ac yn beth hollol naturiol,' meddai.

Mae'r gyfrol hefyd yn rhydd o hunan-dyb a hunanganmoliaeth wrth iddi briodoli unrhyw lwyddiant i lwc.

'Yn enwedig ar ddechrau fy ngyrfa, mi roedd pobl yn cymryd risg yn fy nghastio i. Dw i yn wastad wedi bod eisiau gwneud yn dda, ddim i fod yn enwog nac i wneud arian ond i dyfu ac i ddatblygu,' meddai.

'Dw i wedi edrych o'r newydd ar fy hanes a'm trywydd fy hun ac yn gobeithio y bydd pobol yn meddwl ei fod yn ddiddorol. Dyna'r oll dw i wedi wneud ydy adrodd fy stori bersonol fy hun ond yn y gobaith y gall eraill uniaethu â fi neu fy mod yn agor rhyw ddrws yn rhywle i rhywrai,' meddai.

O ie, a beth am Meic Povey, y disgybl diolchgar? Wel ydi, mae yntau yn cael ei enw yn oriel y cariadon. Bydd Sharon yn diolch imi am beidio dyfynnu'r hyn sydd ganddi i'w ddweud. Efallai na fyddwch chi. Bydd yn rhaid prynu'r llyfr.

§ *Marat/Sade* Sada
   Cynhyrchiad myfyrwyr Adran Gyfathrebu Prifysgol Cymru, Bangor o ddrama Peter Weiss wedi ei haddasu i'r Gymraeg gan Nic Ros.

Bu hen garchar Biwmares yn lleoliad effeithiol ar gyfer perfformiad myfyrwyr cwrs Cyfathrebu Prifysgol Bangor o ddrama ysgytwol Peter Weiss, *Marat / Sade*.

Ers ei pherfformio gyntaf yn 1964 bu *Marat / Sade* – neu, a rhoi iddi ei theitl llawn, *Erlyniad A Llofruddiaeth Jean Paul Marat, Wedi'i Pherfformio Gan Gleifion Ysbyty Meddwl Charenton Dan Gyfarwyddyd y Marquis De Sade* – yn garreg filltir theatrig fel yr enghraifft enwocaf o'r hyn sy'n cael ei alw yn 'theatr creulondeb' lle mae gair ac emosiwn yn cordeddu'n ddidostur i greu profiad i'w gofio.

Dianc rhag Natsïaid
Yn Almaenwr o dras, daeth Weiss i amlygrwydd ddechrau'r chwedegau yng Ngorllewin yr Almaen.

Ym Merlin y'i ganwyd, yn 1916, lle'r oedd ei dad yn berchen ffatri deunyddiau a'i fam yn actores.

Ond, a'i dad o dras Iddewig, ffodd y teulu i Loegr yn 1934 yn sgil twf Natsïaeth gan symud wedyn i Sweden yn 1939 ac yno y treuliodd Weiss weddill ei fywyd a dod yn un o ddinasyddion y wlad.

Arlunio yn gyntaf
Arlunwaith oedd ei ddiddordeb celfyddydol cyntaf gan ddod dan ddylanwad swrealwyr fel Salvador Dali a Max Ernst.

Dilynodd y dylanwadau hynny ef pan drodd ei olygon at y theatr ac mae hynny i'w weld yn holl gysyniad yr enwocaf o'i ddramâu, *Marat / Sade*.

Yn wir, nid yn unig yr oedd hon yn garreg filltir artistig yn hanes Weiss ond yn garreg filltir hefyd o ran cynnwys gwleidyddol a'i ddaliadau sosialaidd.

Yn her
Byddai *Marat / Sade* yn her i unrhyw gwmni a rhaid edmygu myfyrwyr Bangor am ymdaflu i'r her honno a gwneud hynny dan amgylchiadau mor 'arbrofol' trwy hepgor y dull traddodiadol o berfformio ar lwyfan.

Drama wedi ei lleoli yn seilam neu wallgofdy Charenton yn Ffrainc toc wedi'r Chwyldro Ffrengig ydi *Marat / Sade* a hynny'n rhoi'r cyfle i Weiss drafod yr hyn a alwodd ef mewn cyd-destun arall yn 'bob eithafrwydd a syniad gwyllt heb orfod gofyn beth maen nhw'n ei olygu.'

Ffaith a ffantasi
Disgrifiwyd hi fel cyfuniad o ffeithiau hanesyddol ac o ffantasïau

dramatig a hynny yn ychwanegu at yr haenau o ystyron a dehongliadau.

Cyflwynwyd haen newydd i 'gynhyrchiad Carchar Biwmares' Nic Ros, a ddewisodd leoli'r ddrama yn adran y merched yng ngwallgofdy Charenton.

Merch, felly, sy'n chwarae rhan Marat.

Lle go iawn

Ond cymerwn gam yn ôl cyn troi at hynny er mwyn egluro fod Charenton yn wallgofdy go iawn yn cael ei redeg gan yr Abbe Coulmier a hoffai feddwl amdano'i hun fel un blaengar yn ei driniaeth o gleifion salwch meddwl.

Hoffai wahodd pwysigion lleol yno i ddangos iddyn nhw ei therapïau ar waith.

Un o 'gleifion' enwocaf y sefydliad oedd y Marquis de Sade wedi ei garcharu yno yng nghanol y gwallgofiaid am 'beryglu moesau'r cyhoedd'.

Cychwynnodd y ddrama Gymraeg yng nghyntedd carchar Biwmares – a gynrychiolai Charenton – gyda Coulmier (Dafydd Wyn Jones) a'i staff yn ein croesawu yno a'n gwahodd i gael ein harwain o gwmpas y sefydliad, cyfarfod rhai o'r cleifion a gweld yr hyn a dybiai ef oedd yn waith da ac arloesol a wnaed gyda hwy.

I gyd yn fechgyn tal, trwsiadus yn nillad y cyfnod, roedd ffurfioldeb y croeso yn y lled dywyllwch yn effeithiol iawn.

Er y gallai'r profiad annisgwyl hwn o orfod crwydro i fyny ac i lawr grisiau cerrig, culion, o gell i gell, fod wedi peri ansicrwydd ymhlith rhai sydd wedi arfer bod yn gynulleidfa oddefol, gweithiodd yn ddigon da gan lwyddo i greu'r syniad o anesmwythyd o fod ymhlith pobl yr oeddem yn ansicr ohonyn nhw ac a allai fod yn beryglus.

Ychwanegai agwedd led ddifrïol, led ysgafn, y gwarchodwr tuag at y cleifion at yr awyrgylch.

Gwahoddiad i wylio

Diwedd y daith oedd capel bychan y gwallgofdy lle y'n gwahoddwyd gan Coulmier i wylio criw o gleifion benywaidd yn perfformio, fel rhan o'u therapi arloesol, ddrama a sgrifennwyd ac a gynhyrchwyd gan de Sade (Dafydd Rhun).

Ac yr oedd hyn, cofier, yn rhywbeth a ddigwyddai'n go iawn yn y Charenton go iawn.

Mae'r ddrama a berfformir i ni yn nrama Weiss yn ymwneud â llofruddio un o arweinwyr y Chwyldro Ffrengig, Jean-Paul Marat (Lois Cernyw) yn ei fâth gan leian o'r enw Charlotte Corday (Ann Barker) oedd o blaid y frenhiniaeth.

Gydol y perfformiad mae Marat mewn bàth o ddŵr yng nghanol y llawr.

Mae'n hanesyddol gywir i Marat gael ei lofruddio gan Corday yn ei fâth ond yn achos y perfformiad hwn mae'r bàth hefyd yn rhan o therapi dŵr newydd Coulmier i helpu'r ferch sy'n chwarae rhan Marat.

Syniadau chwyldro

Wrth i'r perfformiad fynd rhagddo buan iawn y sylweddolwn fod hwn, o safbwynt de Sade, yn llawer iawn mwy na chyfle i gynnig therapi ond, yn hytrach, yn gyfle iddo ef ddefnyddio'r cleifion i roi llais i'w syniadau ei hun ynglŷn â rhyddid, chwyldro, hawliau'r bobl a hyd yn oed natur gwallgofrwydd ei hun.

O flaen ei lygaid – a ger ein bron ni y bobl bwysig y mae wedi eu gwahodd i weld ei ddulliau arloesol o drin cleifion yn gweithio – gwêl Coulmier y cyfan yn datod ac yn chwalu allan o reolaeth a hynny yn ei orfodi i dorri ar draws y perfformiad sawl tro mewn ymgais i ffrwyno de Sade cyn i'r cyfan droi'n afreoleidd-dra llwyr.

Ar yr un pryd mae hi'n troi'n ddadl syniadau rhwng de Sade a Marat a'r cyfan yn creu awyrgylch o densiwn wrth i Coulmier a de Sade golli gafael ar y sefyllfa a'r cleifion yn troi'n fwy a mwy bygythiol a gorffwyll wedi eu tanio gan syniadau.

Mor agos

Ychwanegir at y tyndra hwnnw gan ein bod fel cynulleidfa mor agos ac mor glòs at y perfformwyr. Ni yw'r 'bobl bwysig' yn eu canol ac yn darged uniongyrchol rhai o sylwadau'r cleifion.

Mae'r diweddglo yn bwerus, treisgar ac ysgytwol.

Rheswm da

Gwnaed defnydd ardderchog o'r awyrgylch a gynigiai hen garchar Biwmares – yn enwedig o safbwynt y sain y gellid ei gynhyrchu yno. Nid gimic oedd perfformio yno – yr oedd pwrpas i'r peth.

Roedd y sgrechiadau, a'r synau eraill 'all-lwyfan', yn iasol o effeithiol.

Efallai y gellid fod wedi gwneud mwy o anniddigrwydd Coulmier wrth iddo weld y perfformiad yn llithro o'i reolaeth – ond gan ei fod ef yn eistedd y tu cefn i gynulleidfa'r capel tebyg nad amharodd hynny yn fawr ar fwynhad neb.

Perfformiadau

Cafwyd perfformiad unigol canmoladwy gan Lois Cernyw er gwaethaf ei hanghyfforddusrwydd o fod yn chwarae rhan Marat mewn bàth o ddŵr!

Yr oedd yn dra effeithiol yn newid ei hwyliau, oherwydd ei

pharanoia, a'i gwahanol ddulliau o ynganu geiriau Marat yn adlewyrchu ei chyflwr mewnol ei hun fel claf.

Yr un modd Ann Barker fel Corday oedd ar adegau yn addfwyn, ar adegau yn sinistr – yn glaf ac yn gymeriad mewn drama.

Er mai rhan ymylol oedd iddi hi fel rhan o gorws effeithiol tynnodd Elin Davies sylw fel Francesca, merch y stryd yn dioddef o un o glefydau ei bywoliaeth.

Bu sawl ysgytwad dramatig yn ystod y perfformiad – mewn gair a gweithred – ond yn ogystal â bod yn her i berfformwyr a chynhyrchydd mae *Marat / Sade* yn her i gynulleidfa nid yn unig o ran syniadaeth ond o ran ei hadeiladwaith.

Mae'n galw am fwy nag un gwrandawiad.

Gyda'r cymhlethdod hwnnw mewn golwg byddai wedi bod yn gaffaeliad cael rhaglen ar gyfer y perfformiad gyda rhywfaint o gyflwyniad i'r gwaith a'i gysyniadau ac yn nodi, wrth gwrs, pwy chwaraeai'r gwahanol rannau.

Roedden nhw a'r cynhyrchydd yn haeddu cydnabyddiaeth am roi inni brofiad i gnoi cil arno.

§　*Dau.Un.Un.Dim.* **gan Manon Wyn** ac
Yn y Trên **gan Saunders Lewis**
Taith Mai a Mehefin 2010 Theatr Genedlaethol Cymru
Pontrhydfendigaid Mai 14. [17 Mai 2010]

Tybed beth wnaeth y gynrychiolaeth o'r blaned Theatricws Fwyaf sydd ynghudd yn ein plith i astudio cyflwr y theatr Gymraeg o'i hymweliad â phafiliwn Pontrhydfendigaid am 19.30 nos Wener y pedwerydd ar ddeg o'r mis daearol, Mai, yn nawfed flwydd ein hail fileniwm, 2010?

Pymtheg o bobol ac un adolygydd ymgasglodd ar gyfer ail noson cynhyrchiad diweddaraf Cwmni Theatr Genedlaethol Cymru OC (Ôl Cefin).

Dwy ddrama

Dwy ddrama gyda dau gymeriad yr un oedd yr arlwy – ac yr wyf yn defnyddio'r gair yn ei ystyr mwyaf llac posibl – gyda'r ail ohonynt – gan un o'n prif ddramodwyr a enwebwyd gyfer Gwobr Lenyddiaeth Nobel yn ystod ei oes – drosodd mewn rhyw ugain munud go lew a'r pymtheg, ac un adolygydd, yn llwybreiddio'n ddigon llwyd a distaw am adref.

Chefais i mo nghyffroi rhyw lawer.

Yn wir, gresynwn fod yr arferiad clodwiw o ganu 'Hen Wlad fy Nhadau' ar ddiwedd digwyddiadau mawr o'r fath wedi peidio â bod gan y byddai hynny wedi dod â chic i noson yr oedd tywyllwch ei setiau yn adlais o'i naws.

Ar ei ffordd adref yr hyn yr oedd rhywun yn ceisio'i ddyfalu oedd: cwmni theatr cenedlaethol pa wlad arall fyddai'n denu cynulleidfa o ddim ond 15 – ac un adolygydd – ar ail noson cynhyrchiad newydd sbon a fyddai'n teithio'r wlad?

Yn amlwg, mae rhywbeth mawr o'i le yn rhywle. Oes wiw awgrymu mai'r ateb yw: yr hyn sy'n cael ei gynnig?

Peryg y byddai hynny'n cael ei weld fel diniweidrwydd o faintioli dramatig ar fy rhan. Sorri am hynny.

Ar fy ffordd yno bûm yn dyfalu hefyd, gyda phob parch, pam cychwyn taith genedlaethol ym Mhontrydfendigaid ond erbyn gweld yr oedd i brif ddrama'r noson, *Yn y Trên* gan Saunders Lewis, elfennau lleol gan mai o Gaerfyrddin i Aberystwyth y teithiai'r trên ac fe gafodd llinellau fel 'Dydw i ddim eisiau tocyn i Dregaron, oes golwg potsiar arna fi' ac 'Aeth 'na neb erioed i Aberystwyth heb fod raid' laff neu ddwy; wel mi gymerodd rhai yn y gynulleidfa eu hanadl yn sydynach a gogrwn yn eu seddau. Doedd y trên, mwy na'r theatr, ddim yn llawn. Un teithiwr mewn het Gari Tryfan (Rhodri Meilir) wedi sleifio heb docyn i gerbyd dosbarth cyntaf, ac un docynwraig (Lowri Gwynne) yn ceisio'i gael i dalu'i ffordd ac yntau'n dadlau pethau fel nad oedd o'n mynd i le'n byd ond yn aros yn ei gerbyd – dim ond y trên oedd yn symud.

Clyfar.

Dros ddeugain mlynedd

Dyddiwyd y ddrama dros ddeugain mlynedd yn ôl yng nghyfnod gorsafoedd caeedig Dr Beeching a ddisgrifiwyd, rwyf bron yn siŵr, fel ysgrifennydd gwladol er mai cadeirydd British Rail oedd o.

Tybed hefyd a fyddai merch yn giard ar drên yn yr ardal hon yr adeg honno?

Fel drama radio y sgrifennwyd hi ond y ddau lwyfaniad ym Mhontrhydfendigaid oedd ei pherfformiadau cyntaf ar lwyfan ers iddi gael ei chyhoeddi yn *Barn* yn 1965.

Broliai rhaglen y noson ei helfennau abswrd a rhaid dweud i minnau hefyd deimlo'r mymryn lleiaf yn abswrd wrth ei gwylio.

Fel y byddai rhywun yn disgwyl gan Saunders Lewis yr oedd iddi 'negeseuon' hefyd fel yr awgrymai'r geiriau ynddi a godwyd ar gyfer wynebddalen y rhaglen yn sôn am deithio yn y nos mewn trên yng Nghymru gyda'r nos o'ch blaen. 'Teithio tua'r nos ... nos Cymru'.

Ac mewn dialog Fecetaidd o'r fath cymharwyd taith y trên â thaith bywyd. Mae bywyd yn drên ys dywedodd T. H. Parry-Williams flynyddoedd ynghynt.

Er bod y cyfan yn ddigon hwyliog – a difyr hefyd – fu yna ddim rhyw hwrê fawr ar y diwedd a chlywais i neb yn dweud, 'Dew, y bachan Saunders 'na – dipyn o foi.'

Ond o ran tegwch yr oeddwn i wedi gadael yn sydyn i deithio drwy'r tywyllnos mewn car. Tywyllnos y theatr Gymraeg fel sefydliad cenedlaethol? Tybed?

Mewn gwirionedd, yn y ffaith mai rhywbeth 'gwahanol' ac annisgwyl gan Saunders Lewis y gorweddai difyrrwch yr amgylchiad a chywreinrwydd rhywun ynglŷn â hynny.

Yn y dyfodol

Yn y tywyllwch y chwaraewyd hefyd y ddrama arall, *Dau.Un.Un.Dim.* gan Manon Wyn – a berfformiwyd yn ystod awr gyntaf y noson.

Drama ddystopaidd, dywyll o ran ei goleuo a'i hawyrgylch wedi ei lleoli yn y flwyddyn 2110 mewn cymdeithas wedi ei rhannu'n ddau fath o bobl, y pur a ddatblygwyd gan wyddonwyr ac arbenigwyr genegol a'r amhur a halogwyd yn sgil eu harbrofion.

Cymdeithas wedi ei bridio'n lân o emosiwn a lle'r ystyrid celf yn wendid.

Fel gydag *Ar y Trên* eisteddai'r gynulleidfa y naill ochr a'r llall i'r llwyfan ac ar y wal o'n blaenau tafluniwyd o bryd i'w gilydd luniau o'r hyn a ddigwyddai ar y llwyfan gan awgrymu bod rhyw frawd mawr sinistr yn gwylio nid yn unig y cymeriadau ond ninnau hefyd.

Yn wir, ar y sgrin y dechreuodd y ddrama gyda golygfa o ferch mewn labordy (?) yn llowcio rhyw drwyth gan ynganu'r geiriau, 'Er mwyn i'r hil barhau; rhaid glanhau' cyn cael ei chipio a'i chario oddi yno a chyrraedd y llwyfan o'n blaenau.

Dyma gynrychiolwyr yr amhur a'r pur, Brân (Rhodri Meilir) ac Awen (Lowri Gwynne).

Ef yn giciwr yn erbyn y tresi cyfundrefnol ac yn derorist wedi ei lurgunio a'i anharddu'n gorfforol ac wedi ei herwgipio hi, y gyntaf o'r bobl berffaith i'w chreu, i adfeilion lle mae'n llechu rhag yr awdurdodau.

Gwrthdaro geiriol

Mae'r gwrthdaro yno rhwng y ddau yn eiriol – gan fwyaf – ac yn gorfforol – weithiau – wrth iddynt am yn agos i awr ymryson â'i gilydd a'r oruchafiaeth yn gogwyddo o un i'r llall.

Dan gysgod eithaf sinistr yr ymryson dadleugar hwn y down i wybod am y gymdeithas, ei chymhellion a'i bwriadau a hynny i gefndir o synau seirans heddlu a gwasanaethau brys o'r tu allan ac ambell i sŵn annisgwyl sy'n peri mwy o ddychryn.

Drama eiriol yw hi ac yn un, mae rhywun yn meddwl, a fyddai wedi gweithio'n well o bosib ar radio.

Ond tybed nad oes mwy i ddrama na dadlau, trafod, gwyntyllu syniadau a gwrthddadlau? Aeth y disgwyl i rywbeth ddigwydd yn drech na mi.

Ond diau bod lle i ganmol parodrwydd ein Theatr Genedlaethol Gymraeg i gymell a rhoi llwyfan i ddramodydd newydd a'i chymryd dan ei hadain am bedair blynedd i ori ar y syniad gwreiddiol.

Yr oedd ôl y 'gweithio' a'r caboli ar y 'sgript' gyda llu o linellau gwirebaidd fel, 'Ydi clwydda yn dal yn glwydda os wyt ti'n 'i feddwl o ar y pryd' ac 'Os oes gen ti yr holl liwiau Brân pam wyt ti ond yn peintio'n ddu?'

Ond sawr 'ymarferiad' oedd i'r canlyniad a thybed na fyddid wedi elwa o roi yr un sylw i blotio ag a roddwyd i'r geiriau er mwyn troi'r syniad diddorol yn fwy o theatr?

Chefais i mo mherswadio bod hwn yn arlwy theatr genedlaethol.

Nid pawb

Nid felly y gwelodd pawb hi ac fe fydd y rhai sy'n gwrando ar sylwadau Catrin Beard ar *Raglen Dewi Llwyd* fore Sul Mai 16 yn cael adwaith tra gwahanol gyda chanmoliaeth gwbl ddigyfaddawd i'r ddau gynhyrchiad.

Nid i'r doeth a'r deallus y dywedodd Daniel Owen yr ysgrifennai ef 'ond i'r dyn cyffredin'.

Gellid maddau imi am dybio mai'r gwrthwyneb yw athroniaeth Cwmni Theatr Genedlaethol Cymru.

A'r tro hwn bu'r cwmni yn ddigon anffodus i gael adolygydd digrebwyll, anneallus a chyffredin iawn, iawn, i lunio'r sylwadau hyn. Rwy'n ymddiheuro am y diffyg hwnnw ar fy rhan.

Sorri.

§ *'Dylech Ofyn i Wallace'*
  Perfformiad yn Ysgol Tryfan, Bangor, Chwefror 1, 2012
  (02 Chwefror 2012)

Mae'n debyg y gellir ystyried Alfred Russel Wallace fel Cymro a gafodd gam.

Er i'w gyfraniad gael ei gydnabod gan ei gyfoedion gyda phapur newydd yn yr America yn ei ddisgrifio, adeg ei farwolaeth, fel y gwyddonydd mwyaf clodwiw ar y blaned mae'n wir dweud mai ychydig yng Nghymru heddiw sy'n gwybod am ei gyfraniad.

Fe'i bwriwyd i'r cysgodion yn llwyr gan wyddonydd arall a oedd yn llafurio yn yr un maes ag ef yr un adeg ag ef, Charles Darwin.

Ond mae lle i gredu mai'r Cymro, o ran genedigaeth, a fraenarodd y tir cyn belled ag y mae damcaniaeth fawr Darwin yn y cwestiwn. Yn wir, ar y cyd y cyhoeddwyd sylwadau cychwynnol y ddamcaniaeth fawr a Wallace yn sbardun.

Ac, yn ôl cynhyrchiad am Wallace gan Theatr na n'Óg, fel 'The Wallace Darwin Theory of Evolution' yr adnabyddir y ddamcaniaeth honno yn yr Unol Daleithiau hyd yn oed heddiw er mai enw Darwin yn unig a ymddengys yr ochr hon i'r Iwerydd.

Gwneud iawn

Sioe un dyn gryno a di-lol yw un Theatr na n'Óg sy'n gwneud iawn â'r cam a gafodd Wallace gyda Ioan Hefin yn portreadu Wallace yn dweud ei hanes ei hun wrth y gynulleidfa – ond heb gwyno am yr hyn ddigwyddodd. Dim ond gosod y ffeithiau gerbron.

Pwysleisir dau beth, ei gyfraniad aruthrol a'r ffaith ei fod yn Gymro, gyda Wallace (Ioan Hefin) yn siarad yn annwyl iawn am ei fagwraeth ar lan afon Wysg ac am ei ymlyniad i Gymru wedi hynny.

Mae'n gyflwyniad di-lol, cynnes a hoffus. Yn un sy'n gweddu'n well o ran ei agosatrwydd i gynulleidfa fach.

Ond y mae Wallace hefyd yn mentro i blith cynulleidfa fwy gan siarad yn uniongyrchol ag unigolion.

Hawl i holi

Wedi ei sgrifennu gan Geinor Styles, cyfarwyddwr artistig y cwmni, mae rhyw ddeugain munud o hyd gyda chyfle wedyn i'r gynulleidfa holi Wallace. Mae'r gwerth a geir o'r perfformiad yn dibynnu llawer, debygwn i, ar barodrwydd y gynulleidfa i holi a hyd yn oed dadlau.

Dyfynnir Wallace ei hun yn dweud mai 'dyn tlawd yw'r dyn heb gwestiynau'!

Bu fersiynau Cymraeg a Saesneg o'r cynhyrchiad yn 'gwneud

y rownds' ers rhai blynyddoedd gan ymffrostio yn y ffaith o fod y 'perfformiad' cyntaf yn yr Amgueddfa Brydeinig yn Llundain. Bu perfformiadau hefyd yn yr Ardd Fotaneg Genedlaethol yn Llanarthne a'r Amgueddfa Genedlaethol yng Nghaerdydd.

O ran 'gwerthu' Wallace y mae Ioan Hefin yn rhagorol o ran llais, ysbryd a phersonoliaeth.

Mae teitl y cynhyrchiad yn deillio o stori am Darwin yn methu'n lân â chanfod yr ateb i pam roedd rhai rhywogaethau yn bodoli yn eu ffurf bresennol ac yn cael yr awgrym gan rywun y 'dylech ofyn i Wallace'.

Dweud stori'i fywyd yn syml yw'r dull yn y cynhyrchiad a dangos sut y sbardunwyd Wallace i ddilyn y trywydd a wnaeth a dod i'w gasgliadau – chwyldroadol ar y pryd – o esblygiad y rhywogaethau.

Mae'n stori gwerth ymgyfarwyddo â hi.

Ymhlith y cant

Er na ddywedir hynny yn y cynhyrchiad wythfed ar hugain oedd Wallace ar restr o gant o arwyr Cymru a luniwyd ar sail pleidlais gyhoeddus gan Culturnet Cymru yn 2004 gyda 313 o bobl wedi pleidleisio dros y gŵr a anwyd ym Mrynbuga, Sir Fynwy.

Wedi gadael yr ysgol yn 13 oed fe'i prentisiwyd yn syrfëwr gan ymuno maes o law â chwmni ei frawd yng Nghastell-nedd lle dangosodd y fath ddiddordeb mewn materion gwyddonol nes ei benodi'yn guradur Amgueddfa Sefydliad Athronyddol a Llenyddol y dref.

Ymddiddorai yn fawr mewn pryfetach a thrychfilod ac yr oedd yn gasglwr brwd ac yn dilyn marwolaeth ei frawd yn ŵr ifanc yn 1845 teithiodd Wallace i Dde America er mwyn casglu samplau o'r Amason.

Y dirgelwch a'i llethai oedd sut oedd rhywogaethau tebyg wedi datblygu mewn ffurf wahanol dros gyfnodau maith o amser – yr union faes yr enwogodd Darwin ei hun ynddo wrth gwrs.

Er yn llwyddiant mewn un ffordd bu'r ymweliad pedair blynedd â'r Amason yn drychineb hefyd, gyda'r llong yr hwyliai adref arni yn mynd ar dân yng nghanol yr Iwerydd ac ef ac eraill yn treulio deng niwrnod mewn cwch cyn cael eu hachub.

Collwyd ei holl gasgliadau, ei nodiadau a'i ddyddiaduron o'r hyn a ddisgrifiodd fel cyfnod hapusaf a mwyaf diddorol ei fywyd.

Mewn twymyn

Mentrodd wedyn i Indonesia ac yno, yn ystod twymyn, yn dioddef o falaria, y datblygodd ei ddamcaniaeth ynglŷn â dethol naturiol gan osod ar bapur sylfeini'r ddamcaniaeth a'u hanfon at Darwin i'w rhannu ag ef.

Bu sylweddoli fod Wallace mor agos at gyflawni'r hyn yr oedd ef ei hun yn anelu ato yn sbardun i Darwin gyhoeddi ei sylwadau ei hun rhag ildio'r ras i Wallace ond mae'n bwysig cofio mai ar y cyd y cyflwynwyd pigion o waith y ddau mewn papur i'r Linnean Society ym 1858.

Yn ddiweddarach wedyn (1859) y gwelodd *On the Origin of Species* Darwin olau dydd, un o'r gweithiau gwyddonol pwysicaf erioed.

Gwyddom oll y canlyniad, wrth gwrs, a Darwin yw'r enw sy'n cael ei gofio heddiw heb fawr grybwyll y Cymro, Wallace.

Ond yn ei ddydd yr oedd pobl yn llawer mwy gwerthfawrogol o'i gyfraniad arloesol yntau ac y mae cynhyrchiad Theatr na n'Óg yn gymwynas i'n hatgoffa ni o hynny.

* Alfred Russel Wallace: Ionawr 8, 1823 – Tachwedd 7, 1913

Cicio'n erbyn y tresi

Annes Glynn

Glyn-*Y-Cymro* a dici-bô?! Dau begwn mor anghymarus ag y gellid eu dychmygu! Ond, ie wir, Glyn mewn siwt ffurfiol a dici-bô oedd yr olygfa swreal a'm hwynebai wrth iddo ef a minnau hwylio i fynychu Noson Gwobrau'r Wasg Gymreig BT un noson ym mis Ionawr 1992.

Castell Caerdydd oedd y man lle cynhelid y digwyddiad. Ninnau'n cyrraedd y pyrth mewn tacsi ac yn cael ein harwain i gyntedd llawn prysurdeb a phobol mewn dillad crand cyn cael ein cyflwyno'n ffurfiol-gyhoeddus ar riniog y brif ystafell gan ŵr wedi'i wisgo mewn dillad 'canoloesol' pwrpasol â llais fel cloch. Piffian chwerthin yn fachgennaidd wnaeth Glyn, fel y byddai bob amser pan fyddai rhywbeth neilltuol wedi'i diclo. Teimlai'n nerfus hefyd, fel minnau, gan nad oedd yr un o'r ddau ohonom yn gwbl sicr tan y munud olaf fod *Y Cymro* wedi ennill gwobr y flwyddyn honno.

Oherwydd hynny roedd hi'n anodd inni ganolbwyntio'n gyfan gwbl ar y wledd, ac wrth gwrs roedd y ffaith fod y crys-coler-ffurfiol diarth yn bygwth tagu Glyn, fel yr hisiai wrthyf bob hyn a hyn o dan ei wynt, yn dipyn o ddampnar ar y sefyllfa! Ond cawsom gwmni difyr a chartrefol Deiniol Tegid, Swyddog

Cyfathrebu BT ar y pryd, wrth y bwrdd a bu hynny'n fodd i leddfu rhywfaint ar y nerfau brau a'r sefyllfa ddieithr y cawsom ein hunain ynddi.

Ac yna cyhoeddi'r enillwyr, a Glyn yn wên o glust i glust ac yn hael ei gefnogaeth pan godais i i dderbyn y wobr am 'Awdur Erthyglau Nodwedd y Flwyddyn' ar ran *Y Cymro*. Cofio clywed llais Beti George ar dâp yn darllen rhan o'm herthygl am filwr ifanc o Foeltryfan a fu'n ymladd yn Rhyfel y Gwlff wrth imi ymlwybro i lawr i gyfeiriad y llwyfan.

Ymlacio wedyn – a Glyn yn datod y dici-bô ar ôl gadael y castell! – a chael ein cludo i far gwesty moethus yn y ddinas. Er inni fod yno tan yr oriau mân, rwy'n dal i gofio Glyn, drannoeth, yn siarad fel pwll y môr yr holl ffordd adref i'r Gogledd wrth iddo ail-fyw'r noson. Diolch mai fy ngŵr, ac nid Glyn, oedd yn gyrru'r car neu Duw a ŵyr lle byddem wedi glanio, na pha bryd!

Roedd ei falchder agored yn fy llwyddiant yn rhan mor annatod o'i gymeriad â'i ymroddiad egnïol ac unplyg i'w waith, a'r disgwyl mai felly hefyd y dylem ninnau, weddill y staff, weithio.

Gweithio fel aelod rhan-amser o staff *Y Cymro* y bûm i ar ddechrau'r nawdegau, ond nid dyna fy mhrofiad cyntaf o gydweithio efo Glyn gan mai ef oedd y Golygydd Newyddion a benodwyd i bapurau'r *Herald*, Caernarfon tua'r un adeg ag y dechreuais innau ar fy swydd yno fel cyw-gohebydd yn 1976.

Ni allwn fod wedi cael mentor gwell. Glyn a ddysgodd i mi beth yw hanfod stori newyddiadurol dda, sut i ddal ati nes mynd dan groen y stori go iawn, heb dorri conglau, sut i'w chyflwyno hi'n eglur, yn gryno ac yn gywir.

Byddwn yn cael mynd allan i'r pentrefi cyfagos i hel newyddion lleol ym Mini bach y cwmni am ddau fore'r wythnos ac yn y mannau hynny yn aml iawn, wrth feithrin y cysylltiadau lleol hollbwysig, y dysgais i wrando am ambell frawddeg ymddangosiadol ffwrdd-â-hi ar ddiwedd sgwrs allai fod yn addewid am stori fwy. Dylanwad Glyn oedd hynny'n ogystal.

Cydweithiwr, ie, ond un a ddaeth yn ffrind hefyd. A chan ei fod o a'r teulu'n byw heb fod yn bell oddi wrthym ar y pryd, yn y Waun ger Penisa'r-waun, byddwn yn galw heibio o dro i dro yn ystod y blynyddoedd ar ôl i mi adael yr *Herald* a mwynhau sgwrs a phanad a thafell o gacen sbwnj flasus gwraig Glyn, yr addfwyn Sandy. Gweld hiwmor Glyn yn pefrio yn y plant iau, Bethan a Dyfan, a llonyddwch hawddgar Sandy'n serennu yn eu merch hynaf, Catrin.

Parhaodd y cysylltiad â Glyn dros y blynyddoedd – ni ein dau aeth i lawr i Ddinbych-y-pysgod yn 2005 i gyflwyno'r achos dros gadw papur *Yr Herald Cymraeg* gerbron Bwrdd yr Iaith, er enghraifft – ond dim ond yn y Genedlaethol yr oeddem yn gweld ein gilydd ers sawl blwyddyn. Ac yno y gwelais i Glyn am y tro olaf, ar faes Eisteddfod Dinbych ar brynhawn Mercher yr ŵyl, a chwerthin llond bol yn ei gwmni wrth iddo rannu mwy nag un sylw cynnil-ddoniol. Er bod yr hiwmor arferol yn amlwg y prynhawn hwnnw, fel erioed, cwynai Glyn braidd am ei iechyd hefyd, oedd yn beth anarferol iawn, gan fod rhywbeth yn hynod breifat ynddo ar sawl cyfrif, ac roedd yn gwbl ddiarbed ohono ei hun yn gyffredinol.

Er i hyn lechu yng nghefn fy meddwl a throi yno fwy nag unwaith yn ystod yr wythnosau canlynol, sioc o'r mwyaf oedd clywed am ei farw ychydig dros wyth mis yn ddiweddarach. Minnau'n gofidio fod Cymru wedi colli clamp o ddawn, dawn a oedd yn hynod gyndyn o dynnu sylw ati ei hun ond a oedd yn werth cymaint, cymaint mwy nag ambell 'dalent' sy'n mynnu sylw ein penawdau. Os oedd Glyn Evans yn newyddiadurwr craff, rhyfeddol o gynhyrchiol, roedd hefyd yn llenor a bardd medrus â chlust fain.

Ond am y cicio'n erbyn y tresi geiriol a'r piffian chwerthin bachgennaidd y bydd yr hiraeth mwyaf.

Meira'n Mwydro
Ar drywydd Soding Elians

[gan Glyn Evans]

(o'r cylchgrawn *Mela*, Hydref 1991)

Dydw i ddim yn edrych ymlaen at y diwrnod hwnnw y bydda i'n cael fy nghymryd gan Elian o blaned arall.

Am y rheswm syml fod ganddyn nhw enw drwg iawn am edrach i fyny sgertia merchaid.

Un peth oedd i Hogia Fform Thri sefyll ar waelod y grisiau haearn yn 'rysgol a chymryd bets pa liw nics fyddai gan y genod mawr; peth arall hollol ydi cael rhyw Fod lloerig o'r Blaned Sod, nad ydach chi'n gwybod dim am ei deulu fo, yn byseddu'ch blwmars chi a bodio'ch bra.

Ddim yn beth desant o gwbwl, o gwbwl, yntôl, fel bydda Nain yn deud; ond stori arall ydi sut oedd hi'n gwybod be sy'n neis a be sy ddim ym mlwmars genod ifanc.

Ond mi fuo hi'n gweini tymor.

Darllen llyfr oeddwn i sy'n honni bod yna lwyth o *Betha* maen nhw'n eu galw yn EBEs ar dir Merica rŵan ond nad oes yna ond dyrnaid dethol iawn o bobol bwysig yn gwybod amdan eu bodolaeth nhw.

190

Wel, nhw a phawb arall sydd gan dicad leibri i fenthyg y llyfr neu ddigon o gredyd wrth 'i gardyn i'w brynu fo.

Ystyr EBEs, ebe'r awdur, ydi 'Extraterrestrial Biological Entities'; *neu BBBAs yn Gymraeg* – Bobol Bach o Blaned Arall.

Yn ôl y llyfr, *Alien Liaison – The Ultimate Secret* gan Timothy Good, nid yn unig mae yna ddyrnaid o bobl bwysig (mesyns debyg) yn yr Unol Daleithiau sydd wedi cyfarfod pobol o blaned arall ond mae ganddyn nhw hefyd gyrff BBBAs marw nad ydyn nhw'n gwybod beth i neud efo nhw.

Wir i Ti.

Be dwi'n methu'i ddallt ydi, pam y bydda rhai sy'n ddigon o hen benna i deithio o bellteroedd tragwyddol bydoedd cread yn gynt na gola, a bws ddwytha Deiniolen Motors nos Sadwrn, ar draws yr oes oesoedd mawr yna yn yr awyr, yn penderfynu galw am sgwrs gall efo'r Americans o bawb.

Mae o'n union yr un fath â dyn yn cerddad yn droednoeth yr holl ffordd o berfeddion Amasonia i Gymru i ddim ond galw am sgwrs efo'r Dr Alan Williams yng Nghaerfyrddin.

Was your journey really necessary? Yn wir, yn wir.

Ond dŵad wnaethon nhw yn fintai ryfeddol meddai Timothy. Rhai yn greaduriaid bach llwyd eu croen efo pedwar bys a dim bawd, eraill yn betha tal, pryd golau a channwyll eu llygaid yr un siâp â diamwnt ac eraill, eto, yn fawr ac yn flewog. Sy'n rhoi Reg, Cwmderi a Gruff Acw dan amheuaeth yn syth.

'Ia, ond be wyt ti'n wybod amdano fo Meira fach?' oedd cwestiwn cyntaf Mam, 'rhen dlawd, pan soniais i gynta am 'i briodi fo.

Chydig iawn, erbyn meddwl, ond bod ganddo fynta hefyd, yn ei breim (1962), yr un diddordeb iach hwnnw ym mlwmars rhywun ag sydd gan gerbydwyr y gofod.

A ydi'r bobol yma'n dŵad o'r un lle i gyd? Nid i mi yr ydach chi i ofyn ond i rai fel Jimmy Carter (mae ganddo fo radd mewn Ffiseg Niwclear), Richard Nixon (Lefel-A mewn Triciau Budur) a'r Hen Gowboi Bregus 'i hun, Ronald Reagan, sydd ymhlith y dyrnaid dethol sy'n gwybod, medda Tim, am fodolaeth y Bodau mewn bes erffos yn Fflorida.

Mae Ron (Reagan) yn cael ei ddyfynnu yn dweud wrth Steven Spielberg pan welodd o y ffilm *ET* gynta: 'Mae'n debyg nad oes yna ond chwech o bobl yn y stafell 'ma rŵan sy'n gwybod pa mor wir ydi'r ffilm yna.'

Wir i ti; yn ôl Timi mae yna gyfamod cadarn rhwng yr Americanwyr a'r Bodau Bach ar y llinella, 'Gadewch chi lonydd i ni ac wnawn ninna ddim dweud wrth weddill y cosmos eich bod chitha'n crafu'ch penola chwaith.'

Yn rhan o'r Cyfamod hefyd mae darn o dir sy'n cael ei alw'n 'Dreamland' yn Nevada iddyn nhw wneud be lecian nhw efo fo.

Dydi'r holl sôn yma am Bobs (Bobol o Blanedau eraill) ddim yn beth newydd. Mi gafodd 'na lun ei wneud o UFO yn hofran uwchben Basle yn y Swistir ar Awst 7, 1556, ac mae 'na sôn am ddarganfod plant bach gwyrdd llachar efo llygaid rhyfedd mewn ogof yn Sbaen yn Awst 1887. Dysgodd yr hogan siarad Sbaeneg a dweud iddi gael ei chludo yno ar gorwynt o wlad lle'r oedd hi bob amser yn gyda'r nos.

Fe ddywed Iwffolegwyr fod cerbydau yn dal i hofran yn yr awyr uwchben Sir Benfro ac arfordir y Gogledd yng nghyffinia Prestatyn.

Y naill, yn siŵr o fod, yn chwilio am Dr Alan Williams a'r llall am Elwyn Jones.

Mae 'na rai sydd wedi acjiwali cyfarfod y Bodau 'ma, ond neb yr ydw i'n ei nabod i siarad efo nhw – er mi fydda i'n amau weithia fod Sulwyn (Thomas) wedi gweld rhywbeth go ofnadwy unwaith.

'Swn i'n awgrymu mai cyngor buddiol i unrhyw un sy'n meddwl mynd i'w cynteddau nhw ydi gwneud yn siŵr fod ganddyn nhw ddillad isa glân! Achos mae gan y Bodau Tinwyrdd yma enw drwg iawn, fel roeddwn i'n dweud, am fynd â'u dwylo i lefydd nad oedd Nain yn caniatáu i hyd'noed Taid fod yn mela yno.

Ond dyna fo, fyddai hi ddim yn tynnu amdani o flaen y byji chwaith am 'i fod o'n dderyn sy'n siarad.

Adroddaf yn awr, ar ffurf tystiolaeth, ichwi hanes Betty a Barney Hill o New Hampshire yr America yn dreifio'n braf yn eu Chevrolet am Raeadr Niagra ym Medi 1961 nes cael eu stopio gan sosar lachar 65 troedfedd o hyd oedd yn tynnu mwy o sylw ati ei hun na Syr Anthony Meyer.

Ar ei bwrdd yr oedd, nid aelodau o'r Urdd yn hel at rwbath arall eto, ond pum criadur pum troedfedd o dal efo llygaid mawr, croen llwyd a dim trwyn o gwbwl. Hynny'n syndod, i feddwl eu bod nhw'n gymaint o hen drwynau – fel y gwerthfawrogwch o roi cyfle imi fyned rhagof i ddatblygu fy hanesyn.

Pan ddynesodd y creaduriaid at Bet a Barni collodd y ddau eu hunan-ewyllys yn llwyr ac fe'u llusgwyd i'r cerbyd awyr i'w harchwilio'n feddygol – sydd ond yn ffordd neis o ddeud 'sbio yn ei nics hi' – gan brofi unwaith yn rhagor na all y Bobol Hyn gadw eu dwylo o'ch londri chi.

Cyfathrebodd y gofodwyr â hwy trwy ESP ond yn siarad rhyw iaith ryfedd, annealladwy, ymhlith ei gilydd; sy'n profi y byddan nhw wedi dŵad ymlaen yn iawn efo'r Dr Alan Williams.

Cofiwch chi newid eich trôns yn rheolaidd Al, jysrhagofn.

Er i Bet a Barni gael eu cyflyru i anghofio popeth am y digwyddiad fe ddaeth y cyfan yn ôl i'r cof dan hupnosus gan gynnwys gwthio nodwydd fawr i fotwm bol Beti.

Un peth a oedd yn achosi cryn benbleth i deithwyr y ffurfafen oedd fod dannedd Barney yn dod allan o'i geg o ond rhai Betty yn sowndiach na sownd yn ei cheg hi.

Os mai dyna'r cyfan sydd gan ddynoliaeth i'w ddysgu i bobl sydd wedi teithio mor bell, rhad arnom ni.

A oes ganddyn *nhw* rywbeth i'w ddysgu i ni ynteu i wneud eu siwrnai'n werth chweil?

Yn ôl y seicig, Jeane Dixon, sy'n credu ei bod hi'n lama Tibetaidd y tro dwytha oedd hi ar yr hen ddaear yma ac sy'n dweud iddi hi weld sgidia coch y Diafol ei hun, fe fyddan nhw'n trosglwyddo inni, maes o law, yr holl wybodaeth sydd ei hangen i harneisio grym yr haul i wneud y ddaear yn well lle i fyw arni.

I'r perwyl hwn bydd y Bodau yma yn peri i holl wyddonwyr y byd hel at ei gilydd er lles dynolryw.

Yn amlwg, mae hi'n credu mewn tylwyth teg hefyd ac mai Ali Wili, y pedwerydd o'r Tri Gŵr Doeth, oedd Alan Williams pan oedd O yma o'r blaen.

Yn wir, y ffaith ei fod o mor ddoeth tro dwytha sy'n peri ei fod o'n dweud petha mor wirion y tro yma.

Pan gyll y call, meddai'r hen ddywediad, mae 'na lot o fôts i Blaid Cymru.

Mae seicig arall, Maris de Long, yr oedd Marilyn Monroe yn arfer troi ati hi, wedi dweud mai'r rheswm fod y Sodin Bodau yna yma ydi fod eu daear hwy eu hunain yn cael ei difa gan ymbelydredd.

Os gwir hynny dydyn nhw ddim wedi dianc i le call iawn os ca i fod fymryn yn gwta efo Ms de Long sy'n dweud fod miloedd ohonyn nhw yma yn barod ac yn byw yn ein plith heb inni sylweddoli hynny.

Yr ydw i'n amau ein dyn llefrith ni.

Ond faint o goel ddylid ei roi yn Ms de Long wn i ddim, achos fe broffwydodd hi, hefyd, y darganfyddid bywyd ar y blaned Mawrth rhwng 1985 a 1990.

Dydwi ond eisiau ei chlywed hi'n awgrymu'n awr fod yna fywyd yn Gruff Acw hefyd ac fe fydd ei chredinedd hi'n nôt.

Ond, a chymryd bod llyfr Timothy Good yn gywir a bod arweinyddion byd wedi cyfarfod Bodau Arallfydol a bod yna gyrff ym mhencadlys y llu awyr yn Fflorida, pam yr holl gadw'n ddistaw?

Un eglurhad ydi eu bod nhw ofn inni golli'n penna i gyd mewn ofn a dychryn. Ail ran y ddamcaniaeth hon ydi mai bwriad ffilmia 'fatha *ET* ydi goleuo pobl yn raddol a'u gwneud nhw'n barotach i dderbyn y syniad o fodau dieithr yn ein plith.

Dywedodd Spielberg hynny ei hun; mai dyna ei fwriad adeg gwneud y ffilm hon a'i ffilm arall, *Close Encounters*.

Y cwestiwn yr ydw i'n cael fy ngorfodi i'w ofyn ydi: os oes yna fodau arallfydol yn ein plith, pwy ydyn nhw?

Yn syth, mae rhywun yn dechrau bwrw'i rwyd yng nghylch ei gydnabod. Ai Bodau o blaned arall ydi'r Dr Alan Williams a'r dyn bach troednoeth yna deithiodd yr holl ffordd yma o Amasonia i'w weld o?

Yn sicr, mae rhai o'r pethau y mae o'n eu dweud yn awgrymu nad ydio'n byw yn yr un byd â ni!

Ac ai'r ffaith fod y maicro langwej compiwtar sydd wedi ei himplantio yn ei brên o (rhaglennwyd i drosi i Sodiaith unrhyw un o'r mil o filiynau o ieithoedd y mae crwydrwr y cyfanfyd yn debyg o'u hencowntro ar ei ecspedishions) wedi siortio sy'n côsio iddo fo siarad fel hyn?

Neu, efallai mai Dafydd Wigley a Dafydd Êl yw gwir drigolion Sod ac mai hynny sy'n egluro pam fod y Blaid yn medru cyflawni sod ôl y dyddiau hyn.

Ond y rhyfeddod mwyaf un i mi yw na sonnir o gwbl yn y llyfr fod Mrs Thatcher, o bawb, wedi cyfarfod y bobl yma.

Does bosib nad ydi hi'n newid ei nics yn ddigon aml.

Meira Môn Jones
SAITH LEFEL 'O': *Eng. Lang., Eng. Lit., Cym. Iaith, Cym. Llên., Hanes, R.I., Biology.*

Colli Glyn Evans

Gruff Roberts

O bapur bro Y *Glannau*, Mehefin 2014

Tristawyd pawb ohonom pan glywson ni am farwolaeth Glyn Evans, yr awdur a'r newyddiadurwr, ddydd Gwener, Ebrill 25.

Un o Landegfan, Sir Fôn, oedd Glyn, a threuliodd y rhan fwyaf o'i oes ym myd newyddiaduraeth Gymraeg. Bu'n Olygydd *Y Cymro* am nifer o flynyddoedd ac yna'n gweithio i'r BBC yn golygu'r wefan ardderchog honno, Cymru'r Byd cyn i'r wasgfa ariannol ladd honno fel llawer o bethau gwerthfawr eraill. Roedd yn llenor medrus fel y gwelwn wrth ddarllen *Jyst Jason*, cyfrol o storïau byr, ac *Y Print Mân*, cyfrol o gerddi. Yn ystod ei oes adolygodd rai cannoedd os nad miloedd o lyfrau gan wneud hynny, yn ddi-ffael, mewn modd caredig ac adeiladol.

Roedd gan Glyn ddiddordeb ym mhob agwedd ar fywyd a gwleidyddiaeth Cymru. Unigryw yw'r unig ansoddair sy'n addas i ddisgrifio ei arddull ysgrifennu. Roedd yn medru mynd at wraidd pethau mewn ffordd syml ac eglur ac roedd rhyw ddireidi tawel yn perthyn i'w gymeriad ac i'w waith. Ei golofn, 'Y Colyn Pigog' (gan Colin B. Jones!), yn *Y Cymro* oedd un o'r pethau mwyaf difyr a diddorol yn y papur a hi fyddai'r peth cyntaf y byddai llawer ohonon ni yn chwilio amdano pan gyrhaeddai'r papur ar ddydd Gwener. Gwyddai Glyn i'r dim beth fyddai'n debygol o apelio at ei ddarllenwyr a llwyddai, yn rhyfeddol, i gael gafael ar dameidiau o newyddion nad oedd neb arall, bron, yn gwybod amdanyn nhw gan eu trin mewn dull gwreiddiol a gwahanol.

Yn ôl pob sôn roedd yn weithiwr diflino, yn aml yn cyrraedd ei fan gwaith erbyn rhwng hanner awr wedi pump a chwech o'r gloch y bore, ymhell cyn i'w gydweithwyr godi o'u gwelyau. Pan fyddai ganddo stori â gafael ynddi byddai'n mynd ati i'w llunio ar unwaith, a'r gwreichion yn tasgu o'i deipiadur wrth iddo wneud hynny. Bu'n gweithio fel cyfieithydd i Gyngor Gwynedd am gyfnod ac ar ei fore cyntaf yng Nghaernarfon daeth rhywun â swp o bapurau ato i'w cyfieithu. Erbyn amser cinio roedd y gwreichion wedi bod yn tasgu, y gwaith wedi ei orffen a'r sawl a'i derbyniodd yn ôl yn rhyfeddu. 'Roedd y gwaith yna i fod i bara am wythnos i ti!' meddai.

Daeth Glyn i fyw i Brestatyn ym 1989, a bu colli ei wraig yn ergyd enbyd o drom iddo. Mae'r pennill syml a luniodd mewn ymateb i'r profiad hwnnw yn siarad cyfrolau am ei deimladrwydd a'i sensitifrwydd:

CYFOETH

Nes i rywun
    dorri i mewn
    a mynd â'r cyfan,
wyddwn i ddim
    fod yna unrhyw beth gwerth ei ddwyn
    yn tŷ ni.

Daeth llawer ohonon ni i gysylltiad ag ef am y tro cyntaf pan ymaelododd â Chymdeithas yr Hafan Deg, Rhuddlan yn 2013, a mater o lawenydd i griw *Y Glannau* oedd ei benderfyniad toc ar ôl hynny i gyfrannu'n rheolaidd i'r papur trwy ysgrifennu colofn ac ysgwyddo peth o'r baich golygyddol. Dan y ffugenw Don Haley yr ysgrifennai, ond rydw i'n weddol sicr, o'i adnabod, na fyddai ddim dicach am i mi ddatgelu, heddiw, mai ef oedd awdur *Proc Môr*. Daeth y golofn honno â llawer iawn o ffresni a gwreiddioldeb i'r papur ac roedd yr hiwmor crafog ond caredig oedd ynddi yn adlewyrchu'r dyn a'i gymeriad i'r dim.

Mae rhyw eironi creulon, o ystyried ei fod wedi'n gadael, mai geiriau olaf ei golofn olaf i'r papur yn rhifyn Mai 2014 oedd y rhain:

MAI NAPS

A dyna ni, does dim ar ôl ond dymuno mis Mai cyn oered â phosibl i chi. Achos yn ôl hen rigwm:

Mis Mai oer a wna'n ddi-nâg
Ysgubor lawn a mynwent wag.

Ym more coffi *Y Glannau* y gwelais i Glyn am y tro olaf. Roedd ei wyres fach o Dreffynnon gydag ef a'i ffordd annwyl o ymdrin â hi yn siarad cyfrolau amdano. Ar y pryd doeddwn i fawr o feddwl mai hwnnw fyddai'r tro olaf i ni gael sgwrs gyda'n gilydd. Roeddwn i a phawb o'i gyfeillion wedi edrych ymlaen at ddod i'w adnabod yn well a gwyddwn y byddai ganddo lawer iawn i'w ddysgu i bawb ohonom sy'n ceisio cyfrannu i'r papur.

Mae Glyn wedi gadael dwy ferch a mab a'u teuluoedd. Wrth gydymdeimlo â nhw yn eu galar carwn innau ychwanegu bod ei golli yn ergyd drom i'r *Glannau* a phawb sy'n ymwneud â'r papur, ac i Gymru gyfan. Fe'n gadawodd yn rhy fuan o lawer. Coffa da amdano.

CLYMAU CHWITHIG

Weithiau –
yn amlach nag y mae rhywun yn meddwl –
y mae clymau amser
yn datod.

A heb fod yn sownd wrth ddim
yr ydym ninnau
fel y llinyn ei hun,
yn cordeddu.

Wrth i'r gwall ar ein cof
ein gollwng
o'r hyn ydym ni.

— Glyn Evans, o'r gyfrol Y Print Mân,
Cyhoeddiadau Barddas